LiteraTier

Von Adler bis Zwergflusspferd

Herausgegeben von
Rotraut Schöberl

Über den Welttag des Buches

Im November 1995 erklärte die UNESCO auf Antrag Spaniens den 23. April zum »Internationalen Welttag des Buches und des Urheberrechts«. Das Datum geht zurück auf die katalanische Tradition, wonach sich die Katalanen am Sankt Jordi-Tag, dem Namenstag des heiligen Georgs, Rosen und Bücher schenken. Zudem wird am 23. April des Todestages des spanischen National-dichters Miguel de Cervantes gedacht, und das (vermutete) Geburts- und Sterbedatum von William Shakespeare fällt eben-falls auf das Datum.

Eine Aktion zum Welttag des Buches

Alle in der Anthologie *LiteraTier ... von Adler bis Zwergflusspferd* vorgestellten Werke können Sie käuflich erwerben. Bei den aus-gewählten Texten handelt es sich um Auszüge, Detailinformationen zu den Büchern finden Sie im Quellenverzeichnis. Ihre Buchhandlung vor Ort ist Ihnen gern bei der Bestellung der Bücher behilflich.

Impressum

Herausgegeben von Rotraut Schöberl
Satz: aromatom
Coverillustration: Verena Hochleitner, gruenstich.at
Druckerei: Druckerei Theiss GmbH, St. Stefan im Lavanttal
© Hauptverband des Österreichischen Buchhandels 2016
ISBN 978-3-85103-187-4
Die Rechtschreibung bezieht sich auf die Schreibweise in den Originaltexten und wurde nicht vereinheitlicht.

Inhalt

SELMA LAGERLÖF

Nils Holgerssons wunderbare Reise durch Schweden

Aus dem Schwedischen übersetzt von *Thomas Steinfeld*

Im Bergtal

Weit oben in den Bergen von Lappland lag ein altes Adlernest auf einem Absatz, der aus einer steilen Felswand herauskragte. Es war aus Kiefernästen gefertigt, die in Schichten übereinandergelegt waren. Während vieler Jahre war es immer wieder ausgebaut und verstärkt worden und lag nun ein paar Meter breit und fast genauso hoch wie eine Lappenkate auf dem Felsen.

Die Felswand, an der das Adlernest lag, erhob sich über einem weiten Tal, das im Sommer von einer Schar Wildgänse bewohnt wurde. Dieses Tal war für sie ein vortrefflicher Zufluchtsort. Es war so gut zwischen den Bergen versteckt, daß es nicht viele gab, die es kannten, nicht einmal unter den Lappen. Mitten im Tal lag ein kleiner runder See, wo es reichlich Futter für die kleinen Gössel gab, und an den mit kleinen Grashöckern besetzten Ufern, die mit Weidenbüschen und verkrüppelten Birken bedeckt waren, fanden sich die besten Nistplätze, die sich die Gänse nur wünschen konnten.

Zu allen Zeiten hatten Adler oben auf der Klippe gewohnt und Wildgänse unten im Tal. Jedes Jahr raubten die Adler einige von den Gänsen, doch achteten sie darauf, nicht zu viele zu nehmen, so daß die Wildgänse im Tal wohnen blieben. Die Wildgänse ihrerseits hatten nicht gerade wenig Nutzen von den Adlern. Gewiß waren sie Räuber, doch sie hielten andere Räuber auf Abstand.

Ein paar Jahre vor dem Jahr, in dem Nils Holgersson mit den Wildgänsen reiste, stand Akka von Kebnekajse, die alte Leitgans,

7

eines Morgens in der Tiefe des Bergtals und sah hinauf zum Adlernest. Die Adler gingen gewöhnlich kurz nach Sonnenaufgang auf die Jagd, und während aller Sommer, die Akka in diesem Tal gewohnt hatte, hatte sie jeden Morgen auf ihren Aufbruch gewartet, um zu sehen, ob sie im Tal bleiben und dort jagen wollten oder ob sie fortfliegen würden in andere Jagdgründe.

Sie mußte nicht lange warten, bis die beiden stattlichen Vögel den Felsabsatz verließen. Schön, aber furchterregend schwebten sie in der Luft. Dann zogen sie hinunter ins Flachland, und Akka stieß einen Seufzer der Erleichterung aus.

Die alte Leitgans hatte aufgehört, Eier zu legen und Junge aufzuziehen, und pflegte sich im Sommer die Zeit damit zu vertreiben, von einem Gänsenest zum nächsten zu gehen und Ratschläge zum Brüten oder zur Pflege der Jungen zu geben. Außerdem hielt sie nicht nur nach den Adlern Ausschau, sondern auch nach Bergfüchsen, Eulen und allen anderen Feinden, von denen die Wildgänse und deren Junge bedroht werden könnten.

Um die Mittagszeit begann Akka, wieder nach den Adlern zu spähen. Genauso hatte sie es während all der Sommer, die sie in diesem Tal gelebt hatte, jeden Tag gehalten. An der Art, wie die Adler flogen, sah sie sofort, ob die Jagd erfolgreich gewesen war, und dann machte sie sich um ihre Schar keine Sorgen mehr. Doch an diesem Tag sah sie die Adler nicht zurückkehren. »Ich muß langsam und träge geworden sein«, dachte sie, als sie eine Weile auf sie gewartet hatte. »Nun müßten die Adler schon vor langer Zeit heimgekommen sein.«

Am Nachmittag schaute sie zur Felswand hinauf und erwartete, die Adler auf dem schroffen Vorsprung zu sehen, wo sie zu sitzen und ihre Mittagsruhe zu genießen pflegten. Sie spähte auch am Abend nach ihnen, da sie dann gewöhnlich im Bergsee badeten, aber sie sah sie immer noch nicht. Wieder klagte Akka darüber, so alt geworden zu sein. Sie war so sehr daran gewöhnt, daß sich die Adler auf dem Berg über ihr aufhielten, daß sie sich gar nicht vorstellen konnte, sie wären womöglich nicht zurückgekehrt.

Am nächsten Morgen war Akka früh auf, um nach den Adlern zu spähen. Doch auch jetzt waren sie nicht zu sehen. Statt dessen hörte sie in der Stille des Morgens einen Schrei, der ebenso böse wie jämmerlich klang und aus dem Adlernest zu kommen schien. »Kann da oben bei den Adlern wirklich etwas nicht in Ordnung sein?«, dachte sie. Sie schwang sich rasch in die Luft und stieg so hoch, daß sie ins Adlernest hineinsehen konnte.

Dort oben sah sie weder das Adlermännchen noch das Adlerweibchen. Im ganzen Nest war niemand außer einem halbnackten Adlerjungen, das dalag und nach Futter schrie.

Akka ließ sich langsam und zögernd zum Adlernest hinabsinken. Es war ein unheimlicher Ort. Man merkte, was für eine Räuberbande sich dort aufhielt. Im Nest und auf dem Felsabsatz lagen ausgebleichte Knochen, blutige Federn und Hautfetzen, Hasenköpfe, Schnäbel und gefederte Moorhuhnfüße. Auch der junge Adler, der mitten in diesem Unrat lag, war abstoßend anzusehen mit seinem großen, aufgerissenen Schnabel, seinem unförmigen, daunenbedeckten Körper und seinen unfertigen Flügeln, aus denen die werdenden Schwungfedern wie Dornen herausstachen.

Schließlich überwand Akka ihren Widerwillen und ließ sich am Rand des Nestes nieder. Doch gleichzeitig sah sie sich unruhig nach allen Richtungen um, denn sie erwartete jeden Augenblick, daß die alten Adler zurückkehrten.

»Gut, daß endlich jemand kommt«, rief das Adlerjunge. »Schaff mir sofort etwas zu fressen her.«

»Na, na, nicht so eilig!«, sagte Akka. »Sag mir zuerst, wo Mutter und Vater sich aufhalten!«

»Ja, wer das wüßte! Sie sind gestern morgen davongeflogen und haben mir zum Überleben einen Lemming dagelassen. Du kannst dir denken, daß er längst aufgefressen ist. Es ist schändlich von Mutter, mich auf diese Weise hungern zu lassen.«

Akka glaubte nun allmählich, daß die alten Adler tatsächlich abgeschossen worden seien, und sie dachte, daß sie, wenn sie das Adlerjunge verhungern ließe, die ganze Räuberbande für alle Zukunft los wäre. Doch zugleich widerstrebte es ihr, einem verlassenen Jungen nicht beizustehen, soweit es ihr möglich war.

»Was sitzt du da und glotzt?«, sagte das Adlerjunge. »Hörst du nicht, daß ich Futter haben will?«

Akka breitete die Flügel aus und flog zu dem kleinen See unten in der Tiefe des Tales. Eine Weile später kam sie zum Adlernest zurück und hatte eine Forelle im Schnabel.

Der kleine Adler geriet in heftigen Zorn, als sie ihm den Fisch vorlegte. »Glaubst du, daß ich so etwas fressen kann?«, sagte er, schob den Fisch zur Seite und versuchte, mit dem Schnabel nach Akka zu hacken. »Schaff mir ein Moorhuhn oder einen Lemming herbei, hörst du!« Jetzt streckte Akka den Kopf nach vorn und kniff den kleinen Adler heftig in die Nackenhaut. »Hör zu«, sagte die Alte, »du wirst mit dem Futter zufrieden sein müssen, das ich dir geben kann. Dein Vater und deine Mutter sind tot, von ihnen wirst du keine Hilfe bekommen. Doch wenn du lieber hier liegen und verhungern willst, während du auf Moorhühner und Lemminge wartest, werde ich dich nicht daran hindern.«

Nachdem Akka das gesagt hatte, flog sie schnell fort und zeigte sich erst eine gute Weile später wieder im Adlernest. Der junge Adler hatte den Fisch aufgefressen, und als sie einen weiteren vor ihm niederlegte, verschlang er ihn sofort, obwohl man ihm ansah, wie widerwärtig er ihn fand.

Akka bekam reichlich Arbeit. Die alten Adler zeigten sich nie wieder, und sie mußte allein dem Adlerjungen die Futtermenge besorgen, die es brauchte. Sie brachte dem Kleinen Fische und

Frösche, und es schien ihm bei dieser Ernährung nicht schlecht zu gehen, denn er wurde groß und stark. Bald vergaß er seine Eltern, die Adler, und hielt Akka für seine richtige Mutter. Akka ihrerseits liebte ihn, als wenn er eines ihrer eigenen Kinder gewesen wäre. Sie versuchte, ihm eine gute Erziehung zu geben und ihm die Wildheit und den Übermut abzugewöhnen.

Als ein paar Wochen vergangen waren, merkte Akka, daß sich die Zeit näherte, in der sie ihr Federkleid wechselte und nicht fliegen konnte. Eine ganze Mondperiode würde sie nicht in der Lage sein, dem kleinen Adler das Futter zu bringen. Zum Schluß würde er doch verhungern müssen.

»Jetzt, Gorgo«, sagte Akka eines Tages zu ihm, »kann ich nicht mehr mit Fisch zu dir kommen. Die Frage ist nun, ob du es wagst, in den Talgrund herunterzukommen, so daß ich dich weiter versorgen kann. Du mußt dich entscheiden, entweder hier oben zu verhungern oder dich ins Tal zu stürzen, aber das kann dich auch das Leben kosten.«

Ohne sich einen Augenblick zu besinnen, stieg der Adler auf den Rand des Nestes, nahm sich kaum die Zeit, den Abstand zum Tal hinunter mit den Blicken zu messen, breitete seine kleinen Flügel aus und stieß sich ab. Er überschlug sich ein paarmal in der Luft, doch benutzte er seine Flügel geschickt genug, um halbwegs unbeschädigt auf dem Erdboden anzukommen.

So kam es, daß Gorgo seinen Sommer dort unten in Gesellschaft der Gössel verbrachte und ihnen ein guter Gefährte wurde. Weil er sich als Gänsejunges betrachtete, versuchte er zu leben, wie sie es taten, und wenn sie hinaus auf den See schwammen, folgte er ihnen, bis er fast ertrank. Er empfand es als Demütigung, nicht schwimmen lernen zu können, und er ging zu Akka, um sich zu beklagen. »Warum kann ich nicht schwimmen, so wie die anderen?«, sagte er. – »Du hast zu krumme Klauen und zu große Zehen bekommen, als du da oben auf dem Felsen lagst«, sagte Akka. »Doch sei nicht traurig deswegen! Es wird trotzdem ein guter Vogel aus dir werden.«

Die Flügel des jungen Adlers waren bald groß genug geworden, um ihn zu tragen. Doch erst im Herbst, als die kleinen Gänse fliegen lernten, fiel ihm ein, daß er sie zum Fliegen nutzen konnte. Nun kam eine stolze Zeit für ihn, denn in diesem Sport wurde er sofort der Beste.

Seine Gefährten blieben nie länger in der Luft, als sie unbedingt mußten. Er aber hielt sich fast den ganzen Tag dort auf und übte sich in der Kunst des Fliegens. Noch hatte er nicht herausgefunden, daß er von anderer Art als die Gänse war, aber er bemerkte doch vieles, was ihm sonderbar vorkam, und er stellte Akka eine Frage nach der anderen. »Warum laufen Moorhühner und Lemminge fort und verstecken sich, wenn mein Schatten auf die Berge fällt?«, fragte er. »Sie erschrecken nicht so vor den anderen jungen Gänsen.« – »Deine Flügel sind verwachsen, als du auf dem Felsen lagst«, sagte Akka. »Das ist es, was die kleinen Viecher erschreckt. Sei deswegen nicht traurig! Es wird trotzdem ein guter Vogel aus dir werden.«

Als der Adler fliegen konnte, lernte er, selbst Fische und Frösche zu fangen, doch bald grübelte er auch darüber nach. »Wie kommt es, daß ich von Fischen und Fröschen lebe?«, fragte er. »Die anderen jungen Gänse tun das nicht.« – »Das kommt daher, daß ich dir kein anderes Futter geben konnte, als du oben auf dem Felsen lagst«, sagte Akka. »Doch sei deswegen nicht traurig! Es wird trotzdem ein guter Vogel aus dir werden.«

Als die Wildgänse ihren Herbstzug begannen, flog Gorgo in ihrer Schar mit. Nach wie vor betrachtete er sich als einen von ihnen. Doch war der Himmel voller Vögel, die unterwegs nach Süden waren, und es entstand große Aufregung unter ihnen, als Akka sich mit einem Adler im Gefolge zeigte. Die Gruppe der Wildgänse wurde ständig von Schwärmen von Neugierigen umkreist, die sich lautstark wunderten. Akka bat sie zu schweigen, doch war es unmöglich, so viele lose Zungen zu binden. »Warum nennen sie mich einen Adler?«, fragte Gorgo und wurde immer gereizter. »Sehen sie nicht, daß ich eine Wildgans bin? Ich bin kein Vogelfresser, der seinesgleichen vertilgt. Wie können sie es wagen, mir so einen häßlichen Namen zu geben?«

Eines Tages flogen sie über einen Bauernhof, wo viele Hühner auf dem Misthaufen standen und pickten. »Ein Adler! Ein Adler!«, riefen die Hühner und liefen los, um Schutz zu suchen. Doch Gorgo, der von Adlern nur als von wilden Verbrechern gehört hatte, konnte nun seinen Zorn nicht mehr zügeln. Er legte seine Flügel an, schoß zum Erdboden hinunter und schlug die Klauen in eines der Hühner. »Ich werde dich lehren, daß ich kein Adler bin«, rief er erbost und hackte mit dem Schnabel auf das Huhn ein.

Im selben Augenblick hörte er, wie Akka ihn aus der Luft rief, und er stieg gehorsam wieder auf. Die Wildgans flog ihm entgegen und begann ihn zu züchtigen. »Was fällt dir ein?«, rief sie und hieb mit dem Schnabel nach ihm. »Hattest du etwa vor, das arme kleine Huhn in Stücke zu reißen? Du solltest dich schämen!« Doch als der Adler die Züchtigung durch die Wildgans ohne Widerstand hinnahm, entstand ein Sturm aus Spott und Schmähungen in den großen Vogelschwärmen, von denen sie umgeben waren. Das hörte der Adler, und nun wandte er sich mit zornigen Blicken Akka zu, als ob er sie angreifen wollte. Doch er änderte rasch seine Absicht, warf sich mit starken Flügelschlägen in die Luft hinauf und stieg so hoch, daß ihn kein Ruf erreichen konnte. Dort oben segelte er herum, bis die Wildgänse ihn nicht mehr sahen.

Drei Tage später zeigte er sich wieder unter den Wildgänsen. »Ich weiß nun, wer ich bin«, sagte er zu Akka. »Weil ich ein Adler bin, muß ich so leben, wie es einem Adler zusteht, doch meine ich, daß wir in jedem Fall Freunde sein können. Dich oder eine der deinen werde ich niemals angreifen.«

Akka hatte jedoch ihren Stolz darein gesetzt, daß es ihr gelingen würde, einen Adler zu einem frommen und ungefährlichen Vogel zu erziehen. Sie konnte es nicht ertragen, daß er leben wollte, wie er es für richtig hielt. »Glaubst du, daß ich mit einem Vogelfresser befreundet sein will?«, sagte sie. »Lebe so, wie ich dich gelehrt habe zu leben, dann bleibst du in meiner Schar.«

Beide waren sie stolz und unbeugsam, und keiner von ihnen wollte nachgeben.

Die Geschichte ging so aus, daß Akka ihm untersagte, sich in ihrer Nähe zu zeigen, und ihr Zorn auf ihn war so groß, daß niemand seinen Namen in ihrer Gegenwart zu nennen wagte.

Seit jener Zeit zog Gorgo durch das Land, allein und von allen gemieden, wie alle großen Räuber. Oft war er düsterer Stimmung, und gewiß sehnte er sich oft nach der Zeit zurück, als er glaubte, eine Wildgans zu sein, und mit den fröhlichen Gänsejungen spielte. Unter den Tieren genoß er großes Ansehen wegen seiner Kühnheit. Sie sagten über ihn, daß er niemanden fürchte außer Akka, seiner Ziehmutter. Sie wußten von ihm auch zu berichten, daß er sich noch nie an einer Wildgans vergriffen hatte.

ASTRID LINDGREN

Pippi Langstrumpf

Aus dem Schwedischen übersetzt von *Cäcilie Heinig*

An dem schönen Sommerabend, als Pippi zum ersten Mal über die Schwelle der Villa Kunterbunt schritt, waren Tommy und Annika nicht zu Hause. Sie waren für eine Woche zu Besuch zu ihrer Großmutter gereist. Sie hatten daher keine Ahnung, dass jemand in die Nachbarvilla eingezogen war, und als sie am ersten Tag nach ihrer Rückkehr an der Gartentür standen und auf die Straße schauten, wussten sie immer noch nicht, dass ganz in ihrer Nähe ein Spielkamerad war.

Als sie gerade überlegten, was sie anfangen sollten und ob vielleicht heute etwas Interessantes passieren würde oder ob es so ein langweiliger Tag werden würde, wo einem nichts einfiel, gerade da wurde die Gartentür zur Villa Kunterbunt geöffnet, und ein kleines Mädchen kam heraus. Das war das merkwürdigste Mädchen, das Tommy und Annika je gesehen hatten, und es war Pippi Langstrumpf, die zu ihrem Morgenspaziergang herauskam. Sie sah so aus:

Ihr Haar hatte dieselbe Farbe wie eine Möhre und war in zwei feste Zöpfe geflochten, die gerade vom Kopf abstanden. Ihre Nase hatte dieselbe Form wie eine ganz kleine Kartoffel und war völlig von Sommersprossen übersät. Unter der Nase saß ein wirklich riesig breiter Mund mit gesunden weißen Zähnen. Ihr Kleid war auch ziemlich merkwürdig. Pippi hatte es selbst genäht. Es war wunderschön gelb; aber weil der Stoff nicht gereicht hatte, war es zu kurz, und so guckte eine blaue Hose mit weißen Punkten darunter hervor. An ihren langen dünnen Beinen hatte sie ein Paar lange Strümpfe, einen geringelten und einen schwarzen. Und dann trug sie ein Paar schwarze Schuhe, die genau doppelt so groß waren wie ihre Füße. Die Schuhe hatte ihr Papa in Südamerika gekauft, damit sie etwas hätte, in das sie hineinwachsen könnte, und Pippi wollte niemals andere haben.

Tommy und Annika rissen erst recht die Augen auf, als sie den Affen sahen, der auf der Schulter des fremden Mädchens saß. Es war eine kleine Meerkatze mit blauen Hosen, gelber Jacke und einem weißen Strohhut.

Pippi ging die Straße entlang. Sie ging mit dem einen Bein auf dem Bürgersteig und mit dem anderen im Rinnstein. Tommy und Annika schauten ihr nach, solange sie sie sehen konnten. Nach einer Weile kam sie zurück. Aber jetzt ging sie rückwärts. Das tat sie, damit sie sich nicht umzudrehen brauchte, wenn sie nach Hause ging. Als sie vor Tommys und Annikas Gartentür angekommen war, blieb sie stehen. Die Kinder sahen sich schweigend an. Schließlich fragte Tommy: »Warum bist du rückwärtsgegangen?«

»Warum ich rückwärtsgegangen bin?«, sagte Pippi. »Leben wir etwa nicht in einem freien Land? Darf man nicht gehen, wie man möchte? Übrigens will ich dir sagen, dass in Ägypten alle Menschen so gehen, und niemand findet das auch nur im Geringsten merkwürdig.«

»Woher weißt du das?«, fragte Tommy. »Du bist doch wohl nicht in Ägypten gewesen?«

»Ob ich in Ägypten war? Ja, da kannst du Gift drauf nehmen! Ich war überall auf dem ganzen Erdball und hab noch viel komischere Sachen gesehen als Leute, die rückwärtsgehen. Ich möchte wissen, was du gesagt hättest, wenn ich auf den Händen gegangen wäre wie die Leute in Hinterindien.«

»Jetzt lügst du«, sagte Tommy.

Pippi überlegte einen Augenblick.

»Ja, du hast recht, ich lüge«, sagte sie traurig.

»Lügen ist hässlich«, sagte Annika, die endlich wagte, den Mund aufzumachen.

16

»Ja, Lügen ist *sehr* hässlich«, sagte Pippi noch trauriger. »Aber ich vergesse es hin und wieder, weißt du. Und wie kannst du überhaupt verlangen, dass ein kleines Kind, das eine Mama hat, die ein Engel ist, und einen Papa, der Südseekönig ist, und das sein ganzes Leben lang auf dem Meer gesegelt ist, immer die Wahrheit sagen soll? Und übrigens«, fuhr sie fort, und sie strahlte über ihr ganzes sommersprossiges Gesicht, »will ich euch sagen, dass es im Kongo keinen einzigen Menschen gibt, der die Wahrheit sagt. Sie lügen den ganzen Tag. Sie fangen früh um sieben an und hören nicht eher auf, als bis die Sonne untergegangen ist. Wenn es also passieren sollte, dass ich mal lüge, so müsst ihr versuchen, mir zu verzeihen und daran zu denken, dass es nur daran liegt, weil ich etwas zu lange im Kongo war. Wir können doch trotzdem Freunde sein, nicht wahr?«

»Ja, klar«, sagte Tommy, und er wusste plötzlich, dass der Tag heute sicher keiner der langweiligen werden würde.

»Warum könnt ihr übrigens nicht bei mir frühstücken?«, fragte Pippi.

»Ja, richtig«, sagte Tommy, »warum können wir das nicht? Kommt, wir gehen!«

»Ja« sagte Annika, »jetzt sofort.«

»Aber erst muss ich euch Herrn Nilsson vorstellen«, sagte Pippi.

Und da nahm der kleine Affe den Hut ab und grüßte höflich.

Und nun gingen sie durch die verfallene Gartentür der Villa Kunterbunt den Kiesweg entlang, an dessen Rändern alte moosbewachsene Bäume standen, richtig prima Kletterbäume, und hinauf zur Villa und auf die Veranda.

Da stand das Pferd und fraß Hafer aus einer Suppenschüssel.

»Warum in aller Welt hast du ein Pferd auf der Veranda?«, fragte Tommy.

Alle Pferde, die er kannte, wohnten in einem Stall.

»Tja«, sagte Pippi nachdenklich, »in der Küche würde es nur im Weg stehen. Und im Salon gefällt es ihm nicht.«

Tommy und Annika streichelten das Pferd und gingen dann ins Haus. Da gab es eine Küche, einen Salon und ein Schlafzimmer. Aber es sah so aus, als ob Pippi vergessen hätte, am Wochenende sauber zu machen.

Tommy und Annika sahen sich vorsichtig um, ob der Südseekönig in einer Ecke säße. Sie hatten in ihrem ganzen Leben noch keinen Südseekönig gesehen. Aber kein Papa war zu sehen und auch keine Mama, und Annika fragte ängstlich:

»Wohnst du hier ganz allein?«

»Aber nein, Herr Nilsson und das Pferd wohnen ja auch hier.«

»Ja aber, ich meine, hast du keine Mama und keinen Papa hier?«

»Nein, gar nicht«, sagte Pippi vergnügt.

»Aber wer sagt dir, wann du abends ins Bett gehen sollst und all so was?«

»Das mach ich selbst«, sagte Pippi. »Erst sag ich es ganz freundlich, und wenn ich nicht gehorche, dann sag ich es noch mal streng, und wenn ich dann immer noch nicht hören will, dann gibt es Haue.«

Genau verstanden Tommy und Annika das nicht, aber sie dachten, dass es vielleicht ganz praktisch wäre. Inzwischen waren sie in die Küche gekommen, und Pippi schrie:

»Jetzt woll'n wir braten Pfannekraten!

Jetzt woll'n wir essen Pfannekessen!

Jetzt woll'n wir futtern Pfannekuttern!«

Und nun holte sie drei Eier und warf sie in die Luft. Eins fiel ihr auf den Kopf und ging kaputt, sodass ihr das Eigelb in die Augen lief. Aber die anderen fing sie geschickt in einem Topf auf, und dort gingen sie dann kaputt. »Ich hab immer gehört, dass Eigelb gut für die Haare sein soll«, sagte Pippi und wischte sich die Augen aus. »Ihr sollt mal sehen: Es wächst, dass es kracht. In Brasilien laufen übrigens alle Leute mit Ei im Haar herum. Aber da gibt's auch keine Kahlköpfe. Nur einmal war da ein Alter, der war so verrückt, dass er die Eier aufaß, anstatt sie ins Haar zu schmieren. Er bekam auch ganz richtig einen Kahlkopf, und wenn er sich auf der Straße zeigte, gab es einen solchen Auflauf, dass die Polizei anrücken musste.«

Während Pippi redete, hatte sie geschickt die Eierschalen mit den Fingern aus dem Topf gefischt. Jetzt nahm sie eine Badebürste, die an der Wand hing, und fing an, den Pfannkuchenteig zu schlagen, sodass die Wände ringsherum vollgespritzt wurden. Schließlich goss sie das, was übrig war, in eine Pfanne, die auf dem Herd stand.

Als der Pfannkuchen auf der einen Seite gebacken war, warf sie ihn hoch, sodass er sich in der Luft umdrehte, und fing ihn dann wieder in der Pfanne auf. Und als er fertig war, warf sie ihn quer durch die Küche direkt auf einen Teller, der auf dem Tisch stand.

»Esst«, rief sie, »esst, bevor er kalt wird!«

Und Tommy und Annika aßen und fanden, dass es ein sehr guter Pfannkuchen war.

Danach bat Pippi sie in den Salon. Dort stand nur ein Möbelstück. Das war eine große, große Kommode mit vielen kleinen, kleinen Schubladen. Pippi öffnete die Schubladen und zeigte Tommy und Annika all die Schätze, die sie dort verwahrt hatte. Da waren seltsame Vogeleier und merkwürdige Schneckengehäuse und Steine, kleine hübsche Schachteln, schöne silberne Spiegel und Perlenketten und vieles andere, was Pippi und ihr Papa während ihrer Reisen um die Erde gekauft hatten.

Pippi gab jedem ihrer neuen Freunde ein kleines Geschenk zum Andenken. Tommy bekam einen Dolch mit schimmerndem Perlmuttgriff und Annika ein Kästchen, dessen Deckel mit rosa Muscheln besetzt war. In dem Kästchen lag ein Ring mit einem grünen Stein.

»Am besten, ihr geht jetzt nach Hause«, sagte Pippi, »damit ihr morgen wiederkommen könnt. Denn wenn ihr nicht nach Hause geht, könnt ihr ja nicht wiederkommen. Und das wäre schade.«

Das fanden Tommy und Annika auch. Und so gingen sie nach Hause, am Pferd vorbei, das den ganzen Hafer aufgefressen hatte, und durch die Gartentür der Villa Kunterbunt. Herr Nilsson schwenkte den Hut, als sie gingen.

JOSEF GUGGENMOS

Oh, Verzeihung, sagte die Ameise

Es war an einem sonnigen Sommertag. Auf einem großen Ameisenhaufen am Waldrand wimmelten und wuselten zehntausend Ameisen durcheinander. Unter diesen zehntausend Ameisen gab's eine, die war besonders höflich. Sooft sie in dem Gewimmel einer andern auf die Zehen trat, sagte sie: »Oh, Verzeihung!«

Die höfliche Ameise war eben dabei, von hoch oben den Berg hinabzulaufen, um eine neue Tannennadel zu holen. Dabei konnte sie keinen Schritt tun, ohne einer oder zwei andern auf die Zehen zu treten, und so musste sie es tausendmal hintereinander sagen, ganz schnell (probier's und sag's nach!): »Oh, Verzeihung! Oh, Verzeihung! Oh, Verzeihung! Oh, Verzeihung! Oh, Verzeihung! Oh, Verzeihung! Oh, Verzeihung! Oh, Verzeihung! Oh, Verzeihung! Oh, Verzeihung!«

Als die höfliche Ameise den Berg hinunter war, war sie von dem vielen Oh-Verzeihung-Sagen so erschöpft, dass sie sich erst einmal hinsetzen und verschnaufen musste. Dann ging sie, eine Tannennadel zu suchen. Aber wie wird das erst geworden sein, als sie die Tannennadel den Berg hinaufschaffen musste und dabei nicht nur mit den Zehen, sondern auch mit dem langen Trumm links und rechts und rechts und links an andern anstieß: »Oh, Verzeihung! Oh, Verzeihung! Oh, Verzeihung! … «

ALAN ALEXANDER MILNE

Pu der Bär

Aus dem Englischen übersetzt von *Harry Rowohlt*

»Hallo!«

»Ich glaube, die Bienen schöpfen *Verdacht*!«

»Was haben sie gedacht?«

»Ich weiß es nicht. Aber ich habe den Eindruck, dass sie *argwöhnisch* sind!«

»Vielleicht glauben sie, dass du hinter ihrem Honig her bist?«

»Daran könnte es liegen. Bei Bienen kann man nie wissen.«

Wieder trat Stille ein und dann wandte er sich wieder an dich.

»Christopher Robin!«

»Ja?«

»Hast du einen Regenschirm zu Hause?«

»Ich glaube schon.«

»Ich wäre froh, wenn du ihn hierher bringen könntest und damit auf und ab gehen könntest und hin und wieder zu mir heraufsehen könntest und ›Tz, tz, es sieht nach Regen aus‹ sagen könntest. Ich glaube, wenn du das tätest, würde uns das dabei helfen, diese Bienen zu täuschen.«

Da hast du nur in dich hineingelacht – »Dummer alter Bär!« –, aber du hast es nicht laut gesagt, weil du ihn so sehr mochtest, und bist nach Hause gegangen und hast deinen Regenschirm geholt.

»Ah, da bist du ja!«, rief Winnie-der-Pu dir von oben zu, sobald du wieder beim Baum warst. »Ich hatte bereits begonnen, mir Sorgen zu machen. Ich habe festgestellt, dass die Bienen jetzt eindeutig Verdacht schöpfen.«

»Soll ich meinen Regenschirm aufspannen?«, sagtest du.

»Ja, aber warte noch einen Augenblick. Wir müssen praktisch vorgehen. Die wichtige Biene, die man täuschen muss, ist die Bienenkönigin. Kannst du von da unten sehen, welche die Bienenkönigin ist?«

»Nein.«

»Wie schade. Tja, dann, wenn du mit deinem Schirm auf und ab gehst und ›Tz, tz, es sieht nach Regen aus‹ sagst, werde ich ebenfalls mein Möglichstes tun und ein kleines Wolkenlied singen, wie es eine Wolke vielleicht singen würde ... Jetzt!«

Während du also auf und ab gegangen bist und dich gefragt hast, ob es wohl regnen würde, sang Winnie-der-Pu dies Lied:

»Als Wolke so im Blauen schweben,
Das ist und bleibt das wahre Leben!
Wenn ringsherum der Himmel blaut,
Singt jede schwarze Wolke laut:

›Als Wolke so im Blauen schweben,
Das ist und bleibt das wahre Leben!‹
Sie fühlt sich, wenn es blaut,
Sehr wohl in ihrer Haut.«

Die Bienen summten immer noch so argwöhnisch wie eh und je. Einige verließen sogar ihr Nest und flogen um die Wolke herum, als sie die zweite Strophe dieses Liedes anstimmte, und eine Biene setzte sich der Wolke einen Augenblick lang auf die Nase, flog dann aber wieder weiter.

»Christopher – *au*! – Robin«, rief die Wolke.

»Ja?«

»Ich habe gerade nachgedacht und ich bin zu einem sehr wichtigen Entschluss gekommen. *Dies ist die falsche Sorte Bienen.*«

»Ist sie das?«

»Die ganz falsche Sorte. Deshalb würde ich auch meinen, dass sie die falsche Sorte Honig machen, oder? «

»Machen sie das?«

»Ja. Deshalb meine ich, ich komme lieber wieder herunter.«

»Wie?«, hast du gefragt.

Darüber hatte Winnie-der-Pu nicht nachgedacht. Wenn er die Schnur losließ, würde er – *bums* – fallen und dieser Gedanke gefiel ihm nicht. Deshalb dachte er lange Zeit nach und dann sagte er: »Christopher Robin, du musst den Ballon mit deinem Gewehr abschießen. Hast du dein Gewehr dabei?«

»Natürlich habe ich mein Gewehr dabei«, sagtest du. »Aber wenn ich das tue, geht der Ballon kaputt.«

»Aber wenn du es *nicht* tust«, sagte Pu, »muss ich loslassen und dann gehe *ich* kaputt.«

Als er es so ausdrückte, hast du gesehen, dass es so war, wie es war, und du hast sehr sorgfältig auf den Ballon gezielt und geschossen.

»*Au*!«, sagte Pu.

»Habe ich ihn verfehlt?«, fragtest du.

»Nicht direkt *verfehlt*«, sagte Pu, »aber den *Ballon* hast du verfehlt.«

»Das tut mir aber leid«, sagtest du und dann hast du noch mal geschossen und diesmal hast du den Ballon getroffen und langsam strömte die Luft aus und Winnie-der-Pu schwebte sachte zu Boden.

Aber seine Arme waren davon, dass er die Ballonschnur so lange festgehalten hatte, so steif, dass sie noch länger als eine Woche lang in die Luft ragten, und wenn eine Fliege kam und sich auf seiner Nase niederließ, musste er sie wegblasen. Und ich glaube – aber ganz sicher weiß ich es nicht –, dass er *deshalb* immer Pu genannt wurde.

»Ist das das Ende der Geschichte?«, fragte Christopher Robin.

»Das ist das Ende dieser Geschichte. Es gibt noch andere.«

»Über Pu und mich?«

»Und Ferkel und Kaninchen und über euch alle. Erinnerst du dich nicht?«

»Natürlich erinnere ich mich, und wenn ich mich dann zu erinnern versuche, vergesse ich es.«

»Der Tag, an dem Pu und Ferkel versuchten das Heffalump zu fangen ... «

»Sie haben es aber nicht gefangen, oder?«

»Nein.«

»Das könnte Pu auch gar nicht, weil er überhaupt keinen Verstand besitzt. Habe *ich* es gefangen?«

»Das kommt ja alles in der Geschichte vor.«

Christopher Robin nickte.

»Natürlich erinnere ich mich«, sagte er, »nur Pu erinnert sich nicht so recht und deshalb lässt er sich die Geschichte gern noch einmal erzählen. Denn dann ist es eine echte Geschichte und nicht bloß eine Erinnerung.«

»Ganz *meine* Meinung«, sagte ich.

Christopher Robin stieß einen tiefen Seufzer aus, packte seinen Bären am Bein und ging zur Tür, wobei er Pu hinter sich herzog. An der Tür drehte er sich um und sagte: »Kommst du noch und siehst dir an, wie ich bade?«

»Vielleicht«, sagte ich.

»Ich habe ihm doch nicht wehgetan, als ich ihn angeschossen habe, oder?«

»Kein bisschen.«

Er nickte und ging hinaus und einen Augenblick später hörte ich, wie Winnie-der-Pu – rumpeldipumpel – hinter ihm die Treppe hinaufging.

SERGIO BAMBAREN

Der träumende Delphin

Aus dem Englischen übersetzt von *Sabine Schwenk*

Die ersten morgendlichen Sonnenstrahlen brachen durch den sich aufklärenden Himmel, unter dem sich die unberührte Schönheit einer einsamen Koralleninsel auftat, wie eine Perle eingelassen in das tiefblaue Meer.

Unweit der Insel hatte sich gerade ein tropisches Gewitter entladen, und das Meer klatschte in gewaltigen Wogen gegen das Riff. Der einst so stille Ozean war in eine tobende, gischtschäumende Brandung verwandelt. Plötzlich tauchte unter einer riesigen, fast schon brechenden Welle ein junger Delphin aus der Tiefe empor. Während er die über das Riff brandende Welle durchschwamm und mit angehaltenem Atem zwischen Wellental und Kamm balancierte, zog er eine weiße Spur hinter sich her.

Langsam wölbte sich die immer hohler brechende Welle über ihm, bis er sich an dem Ort wiederfand, von dem alle Surfer träumen: dem Tunnel.

Nachdem er die Wellenwand entlanggeschossen war, vollführte der einsame Delphin eine steile Kehrtwende und glitt dann mit einem eleganten Manöver aus der Welle hinaus.

Dann beschloß er, daß er für diesen Morgen genug gesurft hatte, und schwamm erschöpft, aber glücklich zurück in die Lagune der Insel.

Daniel Alexander Delphin und die Brandung waren unzertrennlich. Die vielen Sonnenauf- und untergänge, die er Morgen für Morgen und Abend für Abend betrachtete, und das viele Surfen, bei dem er stets jedes Zeitgefühl verlor, hatten Daniel gezeigt, daß es nichts Wichtigeres in seinem Leben gab als jene Momente, in denen er auf den Wellen ritt.

Daniel Delphin liebte das Surfen mehr als alles andere. Es war ihm in Fleisch und Blut übergegangen; und es gab ihm ein Gefühl von Freiheit. Durch das Wellenreiten konnte er auf eine einzigartige Weise mit dem Meer kommunizieren und erkennen, daß der Ozean nicht nur eine Masse sich bewegenden Wassers war, sondern etwas Lebendiges, das voller Weisheit und Schönheit steckte.

Daniel Delphin war ein Träumer. Er war überzeugt, daß es im Leben mehr gab als Fischen und Schlafen, und so hatte er beschlossen, all seine Kraft darauf zu verwenden, im Wellenreiten und in der Weisheit des Meeres den wahren Sinn des Lebens zu finden. Das war sein Traum.

Von Anfang an bescherte ihm diese Einstellung Probleme mit seinem Schwarm. Viele seiner Freunde konnten nicht verstehen, wonach er strebte.

Jeden Morgen sahen die anderen, wenn sie sich zum Fischen aufmachten, Daniel zu, wie er auf das Riff zusteuerte, bereit, sich von neuem in die Wellen zu stürzen. Wie konnte er nur so viel Zeit mit etwas verschwenden, das überhaupt nichts zu seinem Lebensunterhalt beitrug? Es war einfach verrückt.

Als Daniel eines Abends aus der Brandung zurückkehrte, kam Michael Benjamin Delphin, sein bester Freund, auf ihn zu und fragte ihn:

»Was tust du da eigentlich, Daniel? Warum setzt du im Riff dein Leben aufs Spiel? Was willst du eigentlich beweisen?«

»Ich will überhaupt nichts beweisen. Ich will einfach nur wissen, was ich vom Meer und vom Wellenreiten lernen kann. Das ist alles.«

»Mein Gott, Daniel, viele Delphine, denen etwas an dir liegt, glauben, daß du früher oder später umkommen wirst. Auf kleinen Wellen zu reiten war ja noch lustig, als wir Junge waren, aber jetzt gehst du wirklich zu weit. Warum fängst du nicht einfach mehr Fische, anstatt ständig deine Zeit damit zu verschwenden, im Riff zu surfen?«

Daniel Delphin starrte seinen alten Freund an, und nach einem Moment des Schweigens sagte er:

»Michael, schau dich doch einmal um. Unsere Welt ist voll von Delphinen, die Tag für Tag von morgens bis abends fischen. Ständig fischen sie. Sie haben keine Zeit mehr, ihre Träume zu verwirklichen. Anstatt zu fischen, um zu leben, leben sie nur noch, um zu fischen.«

Daniel mußte an früher denken:

»Ich erinnere mich sehr gut an einen jungen, starken Michael Delphin, der stundenlang auf die Wellen starren und davon träumen konnte, selbst hoch oben auf einer dieser riesigen Wasserwände zu schweben. Jetzt sehe ich nur noch einen verschreckten Delphin, der ständig fischt und Angst davor hat, seine Träume auszuleben. Was kann denn wichtiger sein im Leben, als die eigenen Träume zu verwirklichen, ganz egal, wie sie aussehen?« Er sah seinen Freund fest an. »Du mußt in deinem Leben Zeit zum Träumen finden, Michael. Laß nicht zu, daß deine Ängste deinen Träumen im Weg stehen.«

Michael war verwirrt, weil er im Grunde wußte, daß sein Freund recht hatte. Aber nichts lag ihm ferner als die Vorstellung von einem Leben voller Träume. Er war schließlich kein Delphinbaby mehr, und an die Stelle von Träumen waren jetzt Pflichten getreten. War das nicht auch der Grund, warum er fischte? Was würden außerdem die anderen Delphine denken, wenn sie ihn auf den Wellen reiten sähen?

Wenn er sich an seine Zeit als Surfer erinnerte, erschien sie ihm wie ein Teil seiner Jugend, wie etwas Vergangenes.

Er hatte schon häufiger mit dem Gedanken gespielt, wieder einmal zu surfen, aber wenn er den ganzen Tag gefischt hatte, war er abends so müde, daß er immer einen guten Grund fand, es dann doch sein zu lassen.

Michael sah seinen Freund an. Er versuchte, überzeugend zu klingen:

»Eines Tages wirst du erwachsen werden, Daniel, und alles genauso sehen wie unser Schwarm. Es gibt keinen anderen Weg.«

Und damit war Michael fort.

Daniel war traurig, denn obwohl Michael sich seit der Zeit, als sie noch gemeinsam surften und immer auf der Suche nach neuen, geheimen Winkeln waren, sehr verändert hatte, liebte er ihn genauso wie damals. Er wußte, daß die Freude, die sie damals miteinander erlebt hatten, tief in seinem Herzen war, aber aus irgendeinem Grund hatte Michael aufgehört zu träumen.

Daniel tat es in der Seele weh, aber er spürte, daß er nicht mehr tun konnte, um seinem Freund zu helfen.

Er wußte, daß er auf Unverständnis stoßen würde, wenn er versuchte, sich den anderen mitzuteilen und ihnen das Freiheitsgefühl nahezubringen, das er beim Wellenreiten empfand.

Aber Daniel Delphin wußte auch, daß die Faszination jenes Augenblicks, wenn er allein inmitten der endlosen Weite seines geliebten Ozeans hoch oben auf einer Welle ritt, ihn nie wieder loslassen würde.

Er hatte beschlossen, nach seinen eigenen Prinzipien zu leben, und obwohl er manchmal einsam war, bereute er nichts.

JUAN RAMÓN JIMÉNEZ

Platero und ich
Andalusische Elegie

Aus dem Spanischen übersetzt von *Fritz Vogelsang*

Platero

Platero ist klein, wuschelhaarig, sanft; so weich von außen, daß man meinen könnte, er sei ganz aus Watte, habe keine Knochen. Nur die Gagatspiegel seiner Augen sind hart wie zwei Skarabäen aus schwarzem Kristall.

Ich lasse ihn los, und er läuft auf die Wiese und liebkost mit seinen lauen Nüstern leichthin, fast ohne sie zu berühren, die rosaroten, himmelblauen und goldgelben Blumen ... Ich rufe ihn zärtlich: »Platero?« Und er kommt zu mir her, in einem munteren Trippeltrab, der so lustig anmutet, als lachte er, umspielt von einem rätselhaften Traumglöckchenklimpern ...

Er frißt alles, was ich ihm gebe. Besonders schmecken ihm die Mandarinen, die Muskatellertrauben, aus lauter Bernsteinbeeren, die dunkelvioletten Feigen mit ihrem glasklaren Honigtröpfchen ...

Er ist zart, empfindsam und zärtlichkeitsbedürftig wie ein Kind, wie ein kleines Mädchen ...; aber stark und fest im Inneren, wie aus Stein. Wenn ich sonntags auf ihm durch die Gäßchen am Ortsrand reite, bleiben die Landleute stehen, die im guten Anzug ihren Bummel machen, und schauen ihm nach: »Der hat Stahl ...«

Aus Stahl ist er. Aus Stahl und Mondsilber zugleich.

ANTON ČECHOV

Fisches Liebe

Aus dem Russischen übersetzt von *Peter Urban*

Es mag merkwürdig erscheinen, doch der einzige Karpfen, der im Teich des Sommerhauses von General Pantalykin lebte, verliebte sich bis über beide Ohren in Sonja Mamočkina. Aber was ist daran merkwürdig? Lermontovs Dämon verliebte sich in Tamara, der Schwan in Leda, und kommt es nicht auch vor, dass sich Kanzleibeamte in die Töchter ihrer Vorgesetzten verlieben? Jeden Morgen kam Sonja Mamočkina mit ihrer Tante zum Baden an den Teich. Der verliebte Karpfen schwamm dicht ans Ufer und beobachtete sie. Dank der Nachbarschaft der Stahlgießerei »Krandel & Söhne« war das Wasser im Teich längst dunkelbraun geworden, dennoch konnte der Karpfen alles sehen. Er sah, wie am blauen Himmel die weißen Wolken und die Vögel trieben, wie die Sommerfrischlerinnen sich auskleideten, wie ihnen aus dem Ufergebüsch die jungen Männer zuschauten, wie die dicke Tante, bevor sie ins Wasser ging, fünf Minuten lang auf einem Stein saß, sich selbstgefällig streichelte und sagte: »Was bin ich nur für ein Walross geworden! Schrecklich anzuschauen!« Doch Sonja, die ihre leichte Bekleidung abgelegt hatte, warf sich mit einem Juchzer ins Wasser, schwamm, schauderte vor Kälte, und der Karpfen, so wie er war, schwamm noch näher heran und küsste ihr voll Inbrunst die kleinen Füßchen, die Schultern, den Hals ...

Wenn sie ihr Bad beendet hatten, gingen die Sommerfrischlerinnen nach Hause, um Tee zu trinken mit frischen Kringeln, der Karpfen hingegen schwamm einsam in dem großen Teich und dachte:

»Natürlich kann von Chancen auf Gegenliebe keine Rede sein. Wie könnte sie, die so schön ist, sich in mich, einen Karpfen, verlieben? Nein, tausendmal nein! Lass das Träumen, verachtenswerter Fisch! Dir bleibt nur das eine – der Tod! Sterben, aber wie? Revolver und Phosphorhölzer gibt es im Teich nicht. Für uns Karpfen gibt es nur den einen Tod – im Rachen des Hechts. Aber woher einen Hecht nehmen? Es hat in diesem Teich mal einen Hecht gegeben, aber der ist vor Langeweile gestorben. Oh, ich Unglücklicher!«

Mit diesen Gedanken an den Tod vergrub sich der junge Pessimist im Schlamm und schrieb dort an seinem Tagebuch ...

Einmal, gegen Abend, saßen Sonja und ihre Tante am Ufer des Teichs und angelten. Der Karpfen schwamm um die Schwimmer herum und ließ kein Auge von dem geliebten Mädchen. Plötzlich fuhr ihm wie der Blitz ein Gedanke durch den Kopf:

»Sterben – von ihrer Hand!« – dachte der Fisch und begann fröhlich mit den Flossen zu wedeln. – »Oh, welch wunderbarer, süßer Tod!«

Und wild entschlossen, nur leicht erbleicht, schwamm er auf Sonjas Haken zu und nahm ihn in den Mund.

– Sonja, bei dir hat einer angebissen! – rief die Tante. – Liebste, einer hat angebissen!

– Ach! Ach!

Sonja sprang auf und zog aus Leibeskräften. Etwas Goldenes blitzte durch die Luft und klatschte, Kreise ziehend, ins Wasser zurück.

– Er hat sich losgerissen! – riefen beide Sommerfrischlerinnen, erbleicht. – Er hat sich wieder losgerissen! Ach, Liebste!

Sie schauten sich den Angelhaken an und sahen daran die Unterlippe des Fischs.

– Ach, Liebste, – sagte die Tante, – du hättest nicht so fest ziehen dürfen. Jetzt fehlt dem armen Fischlein eine Lippe ...

Nachdem er sich vom Haken losgerissen hatte, war mein Held ganz benommen und begriff lange nicht, was ihm geschehen war; doch dann, wieder zu sich gekommen, stöhnte er:

– Weiterleben! Weiter! Oh, Hohn des Schicksals!

Als er jedoch bemerkte, dass ihm der Unterkiefer fehlte, erbleichte er und brach in wildes Gelächter aus ... Er wurde wahnsinnig.

Aber ich befürchte, es könnte merkwürdig erscheinen, dass ich die Aufmerksamkeit meines seriösen Lesers mit dem Schicksal eines so unwürdigen und uninteressanten Wesens wie dem eines Karpfens strapaziere. Übrigens, was ist daran so merkwürdig? Schließlich beschreiben in den dicken Zeitschriften sogar Damen Gründlinge und Schnecken, die niemand braucht. Ich tue es diesen Damen gleich. Vielleicht bin ich sogar eine Dame und verberge mich nur hinter einem männlichen Pseudonym.

Der arme Karpfen war also wahnsinnig geworden. Der Unglückliche lebt noch heute. Karpfen lieben es im Allgemeinen, in Essigwasser blau gesotten zu werden, mein Held dagegen liebt jetzt jede Todesart. Sonja Mamočkina hat den Pächter der Apotheke geheiratet, und ihre Tante ist nach Lipeck zu ihrer verheirateten Schwester gereist. Daran ist übrigens gar nichts merkwürdig, denn die Schwester hat sechs Kinder, und alle Kinder lieben die Tante.

Doch weiter. Direktor der Stahlgießerei »Krandel & Söhne« ist der Ingenieur Krysin. Er hat einen Neffen mit Namen Ivan, der bekanntlich Gedichte schreibt und sie voll Inbrunst in allen Zeitschriften und Zeitungen veröffentlicht. An einem heißen Mittag hatte der junge Dichter, als er am Teich vorüberging, den Gedanken, ein Bad zu nehmen. Der wahnsinnige Karpfen hielt ihn für Sonja Mamočkina, schwamm auf ihn zu und küsste ihn zärtlich auf den Rücken. Dieser Kuss hatte die allerfatalsten Folgen: Der Karpfen hatte den Dichter mit seinem Pessimismus infiziert. Nichts ahnend entstieg der Dichter dem Wasser und ging, mit wildem Gelächter, nach Hause. Einige Tage später reiste er nach Petersburg; dort, in den Redaktionen infizierte er alle Dichter mit seinem Pessimismus, und seit dieser Zeit schreiben unsere Dichter düstere, niedergeschlagene Gedichte.

PAUL AUSTER

Timbuktu

Aus dem Englischen übersetzt von *Peter Torberg*

Es war drei Uhr nachmittags, und die Luft war erfüllt von den Geräuschen der Rasenmäher, Sprinkler und Vögel. Weit entfernt, auf einem unsichtbaren Highway im Norden, summte ein dumpfer Bienenschwarm von Verkehrslärm unter dem Vorstadthimmel. Jemand drehte ein Radio an, und eine Frauenstimme begann zu singen. In der Nähe lachte jemand. Es klang wie das Lachen eines kleinen Kindes, und als Mr. Bones schließlich an den Rand des Waldes kam, durch den er in der letzten halben Stunde gestreift war, schob er die Schnauze durchs Unterholz und sah, dass es sich wirklich um ein kleines Kind handelte. Ein flachsblonder Junge von zwei oder drei Jahren hockte drei Meter von ihm entfernt auf dem Boden, riss Grasbüschel aus und warf sie in die Luft. Jedes Mal, wenn ihm wieder ein Grasschauer auf dem Kopf landete, brach er in Lachen aus, klatschte in die Hände und hopste auf und ab, als sei er auf den erstaunlichsten Trick der Welt gekommen. Zehn, zwölf Meter hinter dem Jungen wanderte ein bebrilltes Mädchen mit einer Puppe auf dem Arm hin und her und sang dem Spielzeugbaby leise etwas vor, als wolle sie es in den Schlaf wiegen. Schwer zu schätzen, wie alt sie war. So zwischen sieben und neun, dachte Mr. Bones, aber sie hätte auch ziemlich groß für sechs oder ziemlich klein für zehn sein können, vielleicht sogar eine noch größere Fünfjährige oder eine noch kleinere Elfjährige. Links von dem Mädchen beugte sich eine Frau in weißen Shorts und einem weißen, hinterm Hals verknoteten Oberteil über ein Beet mit roten und gelben Blumen und jätete mit einem Pflanzenheber sorgsam Unkraut. Sie stand mit dem

35

Rücken zu Mr. Bones, und weil sie einen Strohhut mit einer sehr breiten Krempe trug, war ihr Gesicht völlig verborgen. Er sah nur ihre Wirbelsäule, die Sommersprossen auf ihren schlanken Armen, den weißen Fleck eines Knies, doch selbst an diesen dürftigen Details konnte er erkennen, dass sie nicht alt war, höchstens siebenundzwanzig, achtundzwanzig, was womöglich bedeutete, dass sie die Mutter der beiden Kinder war. Mr. Bones hütete sich, näher zu kommen, blieb an Ort und Stelle und beobachtete die Szene von seinem Versteck am Waldrand aus. Er hatte keine Möglichkeit festzustellen, ob diese Familie für oder gegen Hunde war, ob sie ihn freundlich aufnehmen oder von ihrem Grundstück jagen würde. Eins stand allerdings fest. Er war auf einen sehr schönen Rasen gestoßen. Während er so dastand und den Streifen gutgepflegten grünen Samt betrachtete, der da vor ihm lag, wurde ihm klar, dass es keiner großen Phantasie bedurfte, um zu wissen, wie gut es sich anfühlen würde, sich auf dem Gras zu rollen und all die Gerüche aufzunehmen, die ihm entströmten.

Bevor er sich entschließen konnte, was er nun tun wollte, wurde ihm die Entscheidung abgenommen. Der Junge schleuderte zwei weitere Fäuste Gras in die Luft, doch diesmal fielen sie ihm nicht auf den Kopf wie zuvor, sondern wurden von einer kleinen Brise erfasst, die soeben aufgekommen war, und in Richtung Wald getragen. Der Junge drehte sich um, um den Flug der grünen Halme zu verfolgen, und als er den Blick Mr. Bones zuwandte, sah der seinen Gesichtsausdruck von der Nüchternheit wissenschaftlicher Beobachtung zu völliger Überraschung wechseln. Er war entdeckt. Der Junge sprang auf und kam, vor Freude quietschend, in seiner dicken Windel auf ihn zugewatschelt, und Mr. Bones, der seine ganze Zukunft auf dem Spiel stehen sah, beschloss, dass der Augenblick gekommen war, auf den er gewartet hatte. Er verschwand nicht im Wald, und er rannte nicht davon, sondern trat so ruhig, gelassen und vorsich-

tig, wie er nur konnte, hinaus auf den Rasen und ließ sich von
dem Jungen in die Arme schließen. »Wauwau!«, quietschte der
kleine Mann und drückte mit aller Kraft zu. »Lieber Wauwau.
Großer alter, lustiger Wauwau.«

Dann kam das Mädchen mit der Puppe im Arm über den Rasen gelaufen und rief der Frau hinter sich etwas zu. »Schau mal,
Mama«, sagte sie. »Schau mal, was Tiger gefunden hat.« Obwohl
der Junge ihn weiter umarmte, durchfuhr Mr. Bones ein ziemli-
cher Schreck. Wo war dieser Tiger, von dem sie sprach und wie
konnte ein Tiger hier herumschleichen, wo Menschen lebten?
Willy hatte ihn mal in den Zoo mitgenommen, und er wusste
alles über diese großen, gestreiften Dschungelkatzen. Sie waren
sogar noch größer als Löwen, und wenn man je auf eines dieser
scharfzahnigen Viecher stieß, durfte man seiner Zukunft getrost
adieu sagen. Ein Tiger konnte einen in circa zwölf Sekunden in
Stücke reißen, und was immer er von einem als ungenießbar übrig ließ, war ein Festmahl für die Geier und Würmer.

Und doch rannte Mr. Bones nicht weg. Er ließ sich weiter
von seinem neuen Freund umschlingen, ertrug geduldig die
ganze Last der phänomenalen Kräfte des kleinen Schlingels
und hoffte, dass ihn sein Gehör getäuscht und er einfach nur
missverstanden hatte, was das Mädchen gesagt hatte. Die volle
Windel roch nach Urin, und über den scharfen Ammoniak-
geruch hinweg konnte er Spuren von Möhren, Bananen und
Milch erschnüffeln. Dann kauerte sich das Mädchen neben ihn,
schaute ihn aus durch die Brille vergrößerten blauen Augen an,
und plötzlich wurde das Geheimnis gelüftet. »Tiger«, sagte sie
zu dem Jungen, »lass ihn los. Du erwürgst ihn ja.«

»Mein Wauwau«, sagte Tiger und umklammerte ihn noch
fester, und obwohl Mr. Bones froh war zu hören, dass er nicht
von einem wilden Tier verschlungen werden sollte, war der
Druck um seinen Hals so stark, dass er zu zappeln begann. Der
Junge mochte kein richtiger Tiger sein, aber das hieß noch

nicht, dass er ungefährlich war. Auf seine Weise war er wohl mehr ein Tier als Mr. Bones.

Zum Glück kam in diesem Augenblick die Frau herbei, griff nach dem Arm des Jungen und befreite Mr. Bones von ihm, bevor er größeren Schaden anrichten konnte. »Vorsicht, Tiger«, sagte sie. »Wir wissen ja nicht, ob das ein netter Hund ist oder nicht.«

»Ach, der ist bestimmt nett«, sagte das Mädchen und tätschelte Mr. Bones sanft den Kopf. »Schau ihm doch nur mal in die Augen. Er ist ganz lieb, Mama. Ich würde sagen, das ist der liebste Hund, den ich je gesehen habe.«

Mr. Bones war erstaunt über diese außergewöhnliche Feststellung, und nur um zu beweisen, dass er tatsächlich ein guter Kerl war, ein Hund, der einem nichts nachtrug, schleckte er Tiger in einem Anfall von sabbernder Zuneigung das Gesicht ab. Der Kleine schrie vor Lachen, und obwohl er unter dem Angriff von Mr. Bones' Zunge schließlich das Gleichgewicht verlor, hielt der raubeinige Tiger das für die witzigste Sache, die er je erlebt hatte, und er lachte selbst dann noch unter dem Bombardement der Hundeküsse, als er auf den nassen Hintern fiel.

»Ja, nett ist er wohl«, sagte die Frau zu ihrer Tochter, als müsse sie ihr in einem wichtigen Punkt recht geben. »Aber schau dir nur mal diese gottserbärmliche Jammergestalt an. Ich glaube nicht, dass ich schon jemals ein dreckigeres, zerzausteres und heruntergekommeneres Geschöpf gesehen habe.«

»Nichts, was man nicht mit ein wenig Seife und Wasser wieder hinkriegen kann«, entgegnete das Mädchen. »Schau doch nur, Mama. Er ist nicht nur lieb, er ist auch klug.«

Die Frau lachte. »Woher willst du das denn wissen, Alice? Er hat doch noch gar nichts getan, außer deinem Bruder das Gesicht abzuschlecken.«

Alice kauerte sich vor Mr. Bones und nahm seinen Unterkiefer in die Hände. »Zeig uns doch mal, wie klug du bist, alter

Junge«, sagte sie. »Zeig uns ein Kunststück oder so was, ja? Du weißt schon, dich rollen oder auf die Hinterbeine stellen. Zeig Mama, dass ich recht habe.«

Für einen Hund mit seinen Fähigkeiten waren das kaum schwierige Aufgaben, und Mr. Bones machte sich umgehend daran zu zeigen, was er konnte. Zuerst rollte er sich im Gras – nicht einmal, sondern gleich dreimal –, und dann spannte er den Rücken, zog die Vorderpfoten an die Schnauze und erhob sich langsam auf die Hinterläufe. Es war schon Jahre her, dass er diesen Trick das letzte Mal versucht hatte, doch obwohl ihm alle Gelenke weh taten und er stärker schwankte, als ihm lieb war, schaffte er es, die Position drei oder vier Sekunden lang zu halten.

»Siehst du, Mama? Was hab ich dir gesagt?«, sagte Alice. »Er ist der klügste aller Hunde.«

Nun kauerte sich auch die Frau zum ersten Mal vor Mr. Bones, und obwohl sie eine Sonnenbrille trug und immer noch den Strohhut auf dem Kopf hatte, konnte er erkennen, dass sie mit ihren blonden, im Nacken gelockten Haaren und dem ausdrucksstarken, volllippigen Mund sehr schön war. Als sie ihn in ihrem trägen, langgedehnten Südstaatenakzent ansprach, schauderte es ihn inwendig, und als sie ihm mit der rechten Hand den Kopf tätschelte, hatte er das Gefühl, sein Herz müsste jeden Augenblick in tausend Stücke zerspringen.

»Du verstehst, was wir zu dir sagen, oder, mein Alter?«, sagte sie. »Du bist was ganz Besonderes, stimmt's? Und du bist müde und zerschlagen, und du brauchst was Anständiges im Magen. Das ist es doch, Oldtimer? Du bist einsam und verlassen, und du bist vollkommen erschöpft.«

Gab es je einen glücklicheren Hund als Mr. Bones an jenem Nachmittag? Ohne lange Umstände und ohne jeden weiteren Druck, sich einschmeicheln oder beweisen zu müssen, was für eine gute Seele er war, wurde der müde Hund vom Garten ins

Familienheiligtum gebracht. Dort fraß er sich in einer strahlend weißen Küche satt, umgeben von frisch lackierten Küchenschränken und glänzenden metallenen Gerätschaften. Das Ganze hatte einen Anstrich von Opulenz, den er auf Erden nicht für möglich gehalten hätte. Er verschlang die übriggebliebenen Stücke Roastbeef, eine Schale Käsemakkaroni, zwei Dosen Thunfisch und drei rohe Hot Dogs, von den zweieinhalb Schüsseln Wasser, die er zwischen den Gängen wegschlappte, ganz zu schweigen. Er hatte sich zurückhalten und ihnen beweisen wollen, dass er ein Hund war, der nicht viel Futter brauchte und wirklich keine Mühe machte, doch als das Futter erst vor ihm stand, war sein Hunger einfach viel zu mächtig, und er vergaß den Schwur, den er geleistet hatte.

All das schien seine Gastgeber nicht zu stören. Sie waren gutherzige Menschen, und sie wussten, wann ein Hund Hunger litt, und wenn Mr. Bones so ausgehungert war, machte es sie glücklich, ihn zu beköstigen, bis er sich satt gefressen hatte. Er fraß in einer seligen Trance und kümmerte sich um nichts anderes, als Futter ins Maul zu bekommen und es die Kehle hinuntergleiten zu lassen. Als er endlich fertig war und aufblickte, um nachzuschauen was die anderen machten, sah er, dass die Frau Hut und Sonnenbrille abgenommen hatte. Sie beugte sich vor, um die Schüsseln vom Boden aufzuheben, und er blickte ihr kurz in die graublauen Augen und erkannte, dass sie in der Tat eine große Schönheit war, eine jener Frauen, bei denen den Männern der Atem stockte, wenn sie ins Zimmer traten.

»Na, mein Alter«, sagte sie und strich ihm mit der flachen Hand über den Kopf, »fühlst du dich besser?«

Mr. Bones rülpste einmal leise und dankbar, und dann begann er ihr die Hand zu lecken. Plötzlich kam Tiger, den er fast schon wieder vergessen hatte, herbeigestürmt. Angelockt vom Geräusch des Rülpsers, das ihn köstlich amüsiert hatte, beugte er sich zu Mr. Bones' Gesicht vor und produzierte seinerseits

ein Bäuerchen, was ihn noch mehr amüsierte. Das Ganze ent-
wickelte sich zu einer weiteren wilden Szene, doch bevor die Sache außer Kontrolle geraten konnte, schnappte sich die Mutter
den Kleinen und stand auf. Sie sah zu Alice hinüber, die an der
Küchentheke lehnte und Mr. Bones ernsthaft und eingehend
betrachtete. »Und was machen wir jetzt mit ihm, Baby?«, sagte
die Frau.

»Ich finde, wir sollten ihn behalten«, erwiderte Alice.

»Das können wir nicht. Wahrscheinlich gehört er jemandem.
Das wäre so wie Stehlen.«

»Ich glaube nicht, dass er auch nur einen einzigen Freund
auf der Welt hat. Schau ihn dir doch an. Er ist bestimmt tausend Meilen weit gelaufen. Wenn wir ihn nicht aufnehmen,
wird er sterben. Kannst du das vor deinem Gewissen verant-
worten, Mama?«

Das Mädchen hatte den Bogen raus, so viel stand fest. Sie
wusste genau, was sie sagen musste und wann, und während
Mr. Bones dastand und zuhörte, wie sie mit ihrer Mutter redete,
fragte er sich, ob Willy die Macht gewisser Kinder nicht unter-
schätzt hatte. Alice mochte nicht der Boss sein, und sie mochte
auch nicht die Entscheidungen treffen, aber ihre Worte trafen
den Nagel auf den Kopf, und das musste zwangsläufig Wirkung
erzielen und die Dinge eher in die eine als die andere Richtung
lenken.

»Schau dir mal sein Halsband an, Liebling«, sagte die Frau.
Vielleicht findet sich da eine Name oder eine Adresse oder so
was.«

Mr. Bones wusste genau, dass dem nicht so war, weil Willy
sich nie mit Dingen wie Hundesteuern, Marken oder protzigen
metallenen Namensschildchen abgegeben hatte. Alice kniete
sich neben ihn und ließ das Halsband auf der Suche nach
irgendwelchen Angaben zu seiner Identität oder der seines
Besitzers durch ihre Finger gleiten, und da Mr. Bones schon

wusste, wie die Suche ausgehen würde, machte er sich den Augenblick zunutze und genoss die Wärme ihres Atems, der ihm hinter dem rechten Ohr vorbeistrich.

»Nein, Mama«, sagte Alice schließlich. »Nur ein schlichtes abgeschabtes Halsband.«

Zum ersten Mal in der kurzen Zeit, die er sie kannte, sah der Hund, wie die Frau ins Zögern geriet. Leise Spuren von Verwirrung und Trauer stiegen ihr in die Augen. »Also, ich habe nichts dagegen, Alice«, sagte sie. »Aber ich kann erst ja sagen, wenn wir mit deinem Vater darüber gesprochen haben. Du weißt, wie sehr er Überraschungen hasst. Wir werden warten, bis er heute Abend nach Hause kommt, und dann werden wir gemeinsam entscheiden. In Ordnung?«

BETTINA BALÀKA

Unter Menschen

10. Der Geruch, von dem Berti aufwachte, war neu. Er hatte ihn noch nie zuvor in seinem Leben gerochen. Ein unangenehmer Film mit einer hohen, beißenden Fruchtnote setzte sich am Gaumen fest, fast, als würde es sich um einen Geschmack handeln, nicht um einen Geruch. Und die Quelle dieser unheimlichen Ausströmung war Marcel.

Berti sprang auf, setzte sich vor ihn hin und starrte ihn an. Wie üblich lag Marcel auf seiner Seite der Wohnlandschaft, jene, die im rechten Winkel zum Fernseher stand. Der Oberkörper war halb auf Kissen aufgerichtet, die Augen waren geschlossen, die Arme hingen ebenso schlaff herab wie die Mundwinkel. Immer wieder stotterte sein Atem, als würde der Luftstrom auf vielerlei Hindernisse stoßen, dann schmatzte er, schluckte oder verlegte sich auf einen Schnarchton. Nichts daran war außergewöhnlich, nur der Geruch. Er hatte etwas Alarmierendes, es war kein Geruch, wie er von Menschen normalerweise ausging. Und er wurde stärker. Was stimmte nicht mit Marcel?

Berti schnüffelte Hände, Arme, Hals und Gesicht ab – der Geruch kam direkt aus der Haut. Er stupste ihn mit der Nase an. Er schleckte Schweiß von seinen Fingern. Er kratzte an seinem T-Shirt. Er roch an seinem Mund und schleckte ihm Lippen und Mundwinkel ab. Marcel wachte kurz auf und lallte: »Sorro, verpiss dich.« Seine Stimme klang seltsam, und er machte seltsame Gesten. Nun begann Berti zu bellen, aber Marcel wachte nicht mehr auf.

Eine Ewigkeit verging, ohne dass sich etwas veränderte. Berti bellte, Marcel schlief und strömte seinen unangenehmen Fruchtgeruch aus. Dann kam plötzlich ein neuer Geruch aus der Küche, der Tomatenduft der auf kleiner Flamme angewärmten

Dosenravioli war gekippt. Berti lief in die Küche. Die Ravioli verbrannten am Herd. Er rannte wieder zu Marcel, um ihn zu kratzen und anzustupsen, aber er wachte noch immer nicht auf. Aus seinem Mund kam nun ein neuer, süßlicher Geruch, wie nach den faulenden Äpfeln im Garten der Michaleks. Marcel schien sich zu zersetzen. Berti bellte und bellte, er wusste nun, dass es darum ging, Hilfe zu rufen. Aber niemand kam.

11. Es war Sonntag, kein besonders strahlender Tag, aber doch sonnig genug, um viele zu Ausflügen ins Grüne – oder vielmehr herbstlich Gelb-Braune – zu bewegen. Bald würde sich der Winter mit seinen eisigen Steppenwinden aus der ungarischen Tiefebene und dem fahlgrauen, coagulierenden Hochnebel über die Stadt legen und für mindestens vier Monate Gesichter bleich und Bekleidung dunkel werden lassen. Man musste die Gelegenheit also nutzen.

Frau Mag.ᵃ M.Sc. B.A. Sennerer jedoch war zu Hause geblieben, um ihre neue Wohnung zu genießen, die sie an Wochentagen bald nur mehr bei Dunkelheit sehen würde, wenn sie um 7:30 Uhr in die Arbeit ging und zehn Stunden später wieder zurückkam.

Gegen Mittag ging sie auf die Terrasse, um – in eine leichte Decke gehüllt – die Zeitung zu lesen. Die Sonne brannte auf ihrer Nase, aber die Zehen waren kalt. Ein frischer Wind fegte in sprunghaften Böen über das Dach, blätterte immer wieder in die Zeitung hinein, riss sie ihr aus der Hand. Sie ließ die Zeitung davonflattern, diese teilte sich in mehrere große Vögel auf, einige flogen über das Geländer, andere endeten platt in einem Eck. Sie griff nach ihrem Notebook, um die Partnervorschläge in einer Online-Dating-Börse durchzugehen.

Etliche Männer schieden schon aufgrund ihrer Fotos aus, sie posierten mit Bierflaschen in der Hand, im Kreis ihrer Motorradkumpels oder im Faschingskostüm. Als nächstes wurden die aussortiert, die es schafften, in ihrer kurzen Selbstdarstellung mehr als drei Rechtschreibfehler einzubauen. Dann ging es an den Inhalt. Gruselige Beschimpfungen der Ex wurden ausgesiebt, bedenkliche esoterische Lebensweisheiten, die Berufsbezeichnung »Selbstständig« ohne nähere Angaben – die Erfahrung hatte gezeigt, dass sich dahinter meist »kürzlich gefeuert, aber keinen Bock, mir was Neues zu suchen« verbarg. Auch der Wunsch nach »einer Partnerin, die finanziell auf eigenen Beinen steht« deutete auf eher prekäre Lebensverhältnisse hin. Die Angabe »Ich koche und esse für mein Leben gern« ließ ein Gewichtsproblem befürchten, »eine gute Flasche Wein« unter dem Punkt »Was ich mag« Alkoholismus. »Ich suche nur eine wirklich, wirklich schöne Frau« schreckte selbst eine wirklich, wirklich schöne Frau wie Frau Mag.[a] M.Sc. B.A. Sennerer ab. Brutale Ehrlichkeit wie in »Ich möchte von Anfang an absolut klarstellen, dass ich weder tanze noch ins Theater gehe« reizte sie wenig. Die Reihen lichteten sich. Die Hobbys »Chillen, Fernsehen, Campingurlaub« schieden aus, Hermann Hesses »Steppenwolf« als Lieblingsbuch, der Bildungsgrad Grundschulabschluss, die Begriffe »Swingerclub« und »Tantra-Seminar«, mehr als zwei Kinder von mehr als zwei Frauen, das Bekenntnis »Ich bin vom Leben immer nur enttäuscht worden«, schauerliche selbstverfasste Gedichte, »Stirb langsam 1–5« als Lieblingsfilme, »bisexuell«, »hypersexuell«, »asexuell«, sowie »Bin nur im Dreierpack mit meinen beiden Pitbulls zu haben«.

Sie checkte ihre Nachrichten. Ein Mann träumte nach drei PMs bereits von »sinnlichen Nächten« mit ihr, ein anderer hatte sich nach zwanzig PMs noch immer nicht dazu durchringen können, sie zu einem Treffen einzuladen. Suchte er eine Brieffreundin?

In die vielen Misstöne mischte sich ein weiterer. Ein Hund bellte. Ununterbrochen. Manchmal rhythmisch und tranceartig, manchmal mit Crescendo. Das Bellen kam einerseits von unten aus dem Bauch des Hauses, andererseits über die Außenluft hergetragen. Sie ging zum Terrassengeländer. Das Bellen wurde lauter. Wahrscheinlich hatte der Lilienfeld ein Fenster offen gelassen. Wahrscheinlich hatte er seinen unglückseligen Straßenköter allein gelassen, um ins Puff zu gehen.

Sie hob die Zeitungsreste auf und ging ins Wohnzimmer hinein. Das Bellen, das nun durch den Fußboden kam, wurde wieder lauter. Sie klemmte sich den iPod an die Funktionshose, steckte sich die Kopfhörer in die Ohren, drehte die Musik laut und stieg auf den Stepper. Nach fünfundvierzig Minuten stieg sie wieder herunter, machte die Musik aus und zog die Kopfhörer aus den Ohren. Der Hund bellte noch immer. Oh nein, sie würde die Polizei nicht rufen. 350 Euro für einen »Falschalarmeinsatz«! Dazu die Schmach vor einem Haufen triumphierend grinsender Halbwüchsiger, das saß tief. Und was hatte der Lilienfeld mit seiner Drohung gemeint, sie würde »ihres Lebens nicht mehr froh werden«, wenn sie ihm Schwierigkeiten machte? Er war Wohnungseigentümer, kein Mieter, man musste also vorsichtig sein. Wollte er womöglich den geplanten Ausbau ihres Wintergartens blockieren?

Sie ging unter die Dusche, wusch und föhnte sich die Haare. Sie strich ein kleines Regal, das sie am Flohmarkt gefunden hatte. Sie bügelte die Bürokleidung für die kommende Woche und hängte sie nach Tagen geordnet in den Schrank. Sie hörte ein Hörspiel, von dem ihr nichts in Erinnerung blieb als das Hundegebell, von dem es untermalt war. Sie checkte wieder ihre Nachrichten auf dem Online-Dating-Portal und fand eine neue von dem Mann, der ihr schon zwanzig andere geschrieben hatte. Ob sie denn nicht auch meine, dass der Zeitpunkt gekommen sei, einander endlich persönlich kennen zu lernen? Ganz spontan, heute 19 Uhr. Auf einen Drink in einem Lokal, das sie nicht kannte.

Erst ewig hinhalten, dann plötzlich fahrig werden – sehr manipulativ. Er war Psychotherapeut. Nicht gerade ein Traum, aber es gab Schlimmeres. Computerfuzzis, die einen durch den kulturellen und politischen Horizont von Doku-Soaps erschreckten, Immobilienmakler, die mit dem Satz »Also mir macht es nichts aus, wenn eine Frau studiert hat« Weltoffenheit demonstrierten, Key Account Manager, denen nicht bekannt war, dass »Ich steh ja zum Glück eher auf ältere Frauen« schwerlich als Kompliment durchging. Also gut. Vielleicht war der Psychotherapeut ja ein herzensguter Kerl mit einem Timing-Problem.

»Okay«, schrieb sie, »wir sehen uns dann.« Sie wählte ein Outfit aus, das die Botschaft »Ich bin immer gepflegt, aber ich habe es nicht nötig, mich wegen eines Online-Dating-Portal-Typen aufzubrezeln« transportierte. Es war noch genug Zeit, die Küche aufzuräumen, sich die Fingernägel zu machen, einen übriggebliebenen Umzugskarton auszupacken. Der Hund bellte und bellte. Wie viele Stunden Puff konnte ein Mann wie Lilienfeld sich denn leisten, körperlich und finanziell? Sie mixte sich einen Smoothie und aß eine Schale Müsli. Niemals mit nüchternem Magen zu einem Date. Prompt hatte man ein Glas Wein zu viel getrunken und hörte sich stundenlange Lamenti über Verflossene und deren herzlose Grausamkeiten an.

Um 18:30 Uhr verließ sie die Wohnung und ging zu Fuß die Stiegen hinunter. Im Treppenhaus roch es verbrannt. Das Stockwerk unter ihrem stand voller Rauch. Sie hörte, dass der Hund nicht nur bellte, sondern immer wieder mit Wucht gegen die Türe sprang. Sie griff nach dem Handy und rief die Feuerwehr.

12.   Die Feuerwehr brach die Tür auf, entdeckte Marcel Lilienfelds leblosen und auch durch Ansprache nicht zu Bewusstsein zu bringenden Körper und alarmierte Rettung und Polizei. Der Schwelbrand in der Küche war schnell gelöscht. Hausparteien liefen zusammen, einige kamen von ihren Ausflügen zurück, einige waren wohl auch die ganze Zeit dagewesen und hatten das Hundegebell gehört. Wohnungstüren öffneten und schlossen sich, der Rauch verzog sich und der Geruch von Ammoniumsulfat aus dem Feuerlöscher breitete sich aus. Der Hund war überall im Weg, er winselte unablässig, niemand konnte ihn beruhigen. Am Gang befragten Polizisten die Leute, aus dem Wohnzimmer kamen scharfe Kommandos des Rettungsteams, das versuchte, Marcel zu reanimieren. Es war zwecklos, fast eine Formalität. Man deckte sein Gesicht zu.

Frau Mag.ᵃ M.Sc. B.A. Sennerer stand da wie eine Blumeninsel im Kreisverkehr. Als sie einem Polizeibeamten berichtete, wie lange ihr das Hundegebell bereits verdächtig erschienen war, sprang der Notarzt auf sie zu.

»Sie haben sechs Stunden gewartet?«, fuhr er sie an. »Sechs Stunden, bevor Sie etwas unternommen haben? Sie hätten dem Mann das Leben retten können! Wussten Sie nicht, dass er Diabetiker war? Hunde können Überzuckerung riechen, lange bevor so ein Mensch ins Koma fällt und an Nierenversagen stirbt! Sechs Stunden hat das arme Vieh vergeblich um Hilfe gerufen! Haben Sie kein Gewissen? Man kann Ihnen nur wünschen, dass auch Ihnen niemand beisteht, wenn Sie einmal Hilfe brauchen!« Sie war zu geschockt, um sich zu verteidigen. Erst drohte man ihr, sie würde ihres Lebens nicht mehr froh werden, wenn sie die Polizei rief; und dann sollte sie ihres Lebens nicht mehr froh werden, weil sie sie *nicht* gerufen hatte?

Da Marcel zu breit für die Trage war, musste eine Spezialtrage angefordert werden. Vier Männer mussten ihn tragen anstatt der üblichen zwei. Als er über die Stiegen hinuntergebracht wurde, lief der Hund – ein kleiner Schatten in der großen Tragödie – hinterher. Erst unten am Rettungswagen bemerkte man ihn, als er hinter der Trage mit Marcel her hineinsprang.

»Der Hund darf nicht mit«, sagte der Fahrer. Man schickte einen Zivi nach oben, der einen Polizisten holte, der den Hund holte. Der Polizist brachte die Leine aus Marcels Wohnung mit und versuchte, den Hund daran aus dem Rettungswagen zu führen. Er wehrte sich, stemmte die Füße fest in den Boden, ging keinen Schritt.

»Armer Kerl«, sagte der Polizist, hob ihn auf und trug ihn zum Streifenwagen. Er setzte sich mit ihm hinein, nahm ihn auf den Schoß, streichelte ihn, um sein Zittern zu beruhigen. Er versuchte, ihn mit Kartoffelchips abzulenken, aber der Hund hatte kein Interesse daran.

Nur wenige Kilometer entfernt saß in einem milde beleuchteten Lokal mit sanfter Lounge-Musik Herr Dr. M.A. Peter Danesch, systemischer Familientherapeut ohne Familie, und sah auf die Zeitangabe seines Handys. Zwischen einer Minute und der nächsten schienen ganze Ewigkeiten an sinnlosen, verschwendeten, frustrierenden Abenden zu liegen, an denen jeder Funke Hoffnung von der grauen Asche der Realität erstickt worden war. Unglaublich, dass ihn die »attraktive, sympathische höhere Beamtin« versetzt hatte. Sechs Wochen lang hatte er sie geprüft, getestet, analysiert und zur Sicherheit lieber noch, und noch, und noch eine schriftliche Nachricht gewechselt. Dann diese spontane Idee, sie heute zu treffen, einfach nur, weil die Sonne immer wieder hervorkam und man das Gefühl hatte, es könnte der letzte laue Herbsttag vor dem Winter sein. Sie hatte zugesagt! Er würde sich bestimmt keine faulen Ausreden anhören, lächerliche, fadenscheinige Entschuldigungen. Lügen. Er ging auf das Online-Dating-Portal und blockierte die Frau, die von nun an nie wieder mit ihm in Kontakt treten würde können.

TONI ANZENBERGER

Pecorino.
Die Reisen eines Promenadenmischlings

Erzählt von *Yvonne Lacina-Blaha*

Pecorino in der Toskana und in Rimini 1998 –
Die ersten Fotos

Pecorino ist einfach so ins Bild gelaufen. Bravissimo, ein Glücksfall, so nannte es die italienische Agenturchefin, als sie das Foto in der Hand hielt. Sie nahm das Bild mit der typischen Landschaft und dem kleinen Hund sofort in ihr Foto-Archiv auf. Der stolze Fotograf nannte sein erstes Bild »Serpentinen-pecorino«. Der Hund und die Serpentinenstraße verschmolzen perfekt ineinander. Es kam sehr gut bei den Zeitungen und Hochglanzmagazinen an. Ein Hund, der sich perfekt in das toskanische Landschaftsbild einfügt, faszinierte einfach. Der erste Schritt war getan.

Seine Zweifel waren damit allerdings noch nicht ausgeräumt, er war kein Tierfotograf, er war einer, der durch die Landschaft zog, um sie zu porträtieren. Aber dieser kleine Hund stellte sein Leben irgendwie gehörig auf den Kopf. Und es stimmte ja auch, Pecorino belebte das Motiv. Bei der nächsten Reise in die Toskana beschloss er, weitere Bilder zu machen. Im Oktober, wenige Wochen später, stand er mit seinem Hund inmitten von Zypressen und Olivenbäumen. Er gab Pecorino ein Zeichen, dass er stehen bleiben soll und ging zu seiner Kamera. Er war gespannt, ob der Vierbeiner in seiner Position bleibt. Pecorino rührte sich nicht vom Fleck. Vielleicht war das Bild »Serpentinenpecorino« doch kein Zufall. Aber das klärte noch lange nicht die Frage, ob es ein Hund mit Motiv oder ein Motiv mit Hund war?

In Rimini bekam der Fotograf eine Idee davon, was mit seinem Hund möglich wäre und wie er Pecorino mit seiner fotografischen Arbeit vereinen könnte. Da er seine Tante, die dort lebte, oft besuchte, daher kannte er den Badeort bereits von Kindesbeinen an. Die intensiven Gespräche und langen Strandspaziergänge liebte er sehr. Nur dieses Mal hatte er einen Vierbeiner dabei. Hunde waren am Strand zwar nicht erlaubt, aber das interessierte Toni nicht allzu sehr. Schließlich war es Oktober, der Strand war menschenleer, wer sollte sich also aufregen?

Toni war es nur recht, dass kein Mensch am Strand von Rimini war, er wollte seinen Hund in Ruhe fotografieren. Der bunte Badebereich hatte es ihm angetan. Er forderte seinen Vierbeiner auf, mit zu den Badehäuschen zu kommen. Pecorino, der gerade ausgiebig im Meer plantschte, war sicher nicht so angetan von der Idee seines Herrchens, das salzige Wasser zu verlassen. Aber er folgte der Aufforderung und konzentrierte sich auf die Arbeit. Dabei schielte er höchstens hin und wieder zu den Wellen. Toni war fasziniert von dem kleinen Wesen, das gelassen vor der Kamera posierte und bekam das Gefühl, dass sein Hund wusste, was er von ihm wollte.

Der Spielplatz am Strand von Rimini war zwar für Hunde verboten, aber Toni konnte einfach nicht widerstehen. Dieses bunte Karussell übte eine magische Anziehungskraft auf ihn aus und es war weit und breit niemand zu sehen. Nun wollte er wissen, ob auch so etwas mit seinem Hund möglich war. Er stellte Pecorino auf das Gestell und brachte es langsam in Bewegung. Kurz plagte ihn das schlechte Gewissen, ob Pecorino vielleicht herunterfallen könnte, aber seine Sorge verflog schnell. Denn dieser stand gelassen auf dem Karussell und drehte sich im Kreis. Pecorino war eben auch ein Meister im Balance halten.

Toni war gerade mit seinem Hund in Andalusien Richtung Granacta unterwegs, da entdeckte er am Rand der Autobahn den riesengroßen Osborne-Stier, ein nationales Symbol in Spanien. Er wusste sofort, obwohl er privat unterwegs war, er musste diesen Stier mit seinem Hund auf einem Foto haben. So fuhr er von der Autobahn ab und blieb stehen. Zum Glück hatte er seine Kamera dabei, die Macht der Gewohnheit. Er schaute sich den Stier genauer an, etwa vierzehn Meter war er hoch und stand auf einem Hügel. Aber wie konnte er seinen Hund mit diesem riesigen Motiv auf ein Bild bringen? Er hatte keine Ahnung, aber aufgeben kam für ihn nicht in Frage, er musste einen Weg finden. Er sah sich um, womit er die Distanz verringern könnte. Ein kleines Haus drängt sich in sein Blickfeld, nein, nicht einmal daran denken, sagt sich Toni. Ein Hund auf einem Dach, das ist doch reichlich absurd. Er schaute seinen Hund an, der ganz gelassen neben ihm stand. Aber sollte er es nicht wenigstens versuchen? Das Haus war ja schließlich kein Wolkenkratzer. Es war ganz klein, er selbst könnte Pecorino mit den Händen aufs Dach heben. Das war ein Argument für ihn. Ganz vorsichtig nahm er ihn auf den Arm und hob ihn hoch. Selbst so ein kleines Wesen kann ganz schön schwer sein, vor allem wenn man es über den Kopf heben muss. Toni musste sich auch noch strecken, denn auch ein Zwei-Meter-Mann hat keine Arme, die zwei Meter lang sind. Zitternd vor Anstrengung und Aufregung hievte er den Hund aufs Dach. Ganz unerschrocken schnüffelte Pecorino interessiert sein neues Gebiet ab. Toni suchte eine gute Position für das Foto. Alles bestens, jetzt musste er nur noch seinen Hund dazu bringen, an den Rand des Daches zu gehen. Er glaubte selbst nicht, was er da tat, aber er deutete Pecorino, er solle doch da rübergehen. Der Vierbeiner folgte, er ging an den Rand und blieb stehen. Toni war erleichtert, dass das Foto gelungen und sein treuer Gefährte wieder heil am Boden war.

Es wurde zu einem der erfolgreichsten Bilder, das die beiden in ihren Anfängen bekannt machte.

ANNE FINE

Tagebuch einer Killerkatze

Aus dem Englischen übersetzt von *Barbara Heller*

Montag

Okay, okay, hängt mich ruhig auf! Ja, ich hab den Vogel getötet. Du lieber Himmel, ich bin nun mal eine Katze! Es ist sozusagen mein Job, durch den Garten zu schleichen und süßen, schnuckeligen kleinen Piepmätzen aufzulauern, die kaum von einer Hecke zur anderen fliegen können. Was soll ich machen, wenn sich mir so ein armes gefiedertes Flatterbällchen praktisch ins Maul wirft? Es ist schließlich fast direkt auf meinen Pfoten gelandet. Es hätte mir ja wehtun können!

Okay, okay. Da hab ich es halt ein bisschen geknufft.

Muss Ellie mir deshalb ins Fell schluchzen, dass ich fast ertrinke, und mich drücken, dass ich fast ersticke?

»Ach, Kuschel!«, schniefte sie, rotäugig und mit durchweichten Papiertaschentüchern um sich werfend. »Ach, Kuschel! Wie konntest du das tun?«

Wie ich das tun konnte? Ich bin nun mal eine Katze. Woher sollte ich wissen, dass es so ein Riesentheater geben würde – dass Ellies Mutter rennen und alte Zeitungen holen und Ellies Vater einen Eimer mit Seifenwasser volllaufen lassen würde?

Okay, okay. Vielleicht hätte ich den Vogel nicht ins Haus schleppen und auf dem Teppich liegen lassen sollen. Vielleicht gehen die Flecken ja wirklich nie mehr raus.

Nur zu, hängt mich ruhig auf!

Dienstag

Die kleine Beerdigung war richtig schön. Eigentlich wollten sie mich, glaube ich, nicht dabeihaben, aber schließlich ist das genauso gut mein Garten. Ich verbringe viel mehr Zeit darin als sie. Ich bin die Einzige in der Familie, die ihn richtig nutzt. Aber von Dankbarkeit natürlich keine Rede. Ihr solltet sie mal hören:

»Diese Katze macht meine ganzen Beete kaputt! Von den Petunien sind fast keine mehr übrig!«

»Ich hatte die Lobelien kaum gepflanzt, schon lag sie drauf und hat sie platt gedrückt!«

»Wenn sie nur nicht immer zwischen den Anemonen Löcher buddeln würde!«

Mecker, mecker, mecker.

Ich möchte wissen, warum die sich eine Katze halten, wenn sie die ganze Zeit nur jammern.

Außer Ellie. Die war zu sehr damit beschäftigt, den Vogel zu beweinen.

Sie legte ihn in eine Schachtel, die sie mit Watte ausgepolstert hatte, und grub ein Loch. Dann standen wir alle drum herum, während sie ein paar Worte sprach und dem Vogel im Himmel viel Glück wünschte.

»Verschwinde«, zischte Ellies Vater mir zu. Ich finde den Mann ziemlich unhöflich. Aber ich hab nur mit dem Schwanz zu ihm hin geschnippt. Hab ihm die kalte Schulter gezeigt.

Wofür hält der sich eigentlich?

Wenn ich bei der Beerdigung eines kleinen Vögelchens dabei sein will, dann bin ich auch dabei. Immerhin hab ich den Vogel länger gekannt als irgendeiner von ihnen. Ich kannte ihn schon, als er noch lebte.

Mittwoch

Nur zu, schlagt mich ruhig! Ich hab ihnen eine tote Maus in ihr kostbares Haus geschleppt. Dabei hab ich sie nicht mal getötet: Als ich sie fand, war sie schon hin. Man ist ja hier seines Lebens nicht mehr sicher. In unserer Straße liegt knöcheltief Rattengift aus, Autos rasen zu jeder Tages- und Nachtzeit hin und her und ich bin nicht die einzige Katze im Viertel. Ich weiß nicht mal, was dem armen Ding zugestoßen ist. Ich weiß nur, dass ich sie gefunden hab. Und da war sie schon tot. (Noch warm, aber schon tot.)

Und da dachte ich, es wäre eine gute Idee, sie mit nach Hause zu nehmen. Fragt mich nicht, warum. Ich muss verrückt gewesen sein. Aber wie hätte ich wissen sollen, dass Ellie mich packen und mir mal wieder eine kleine Predigt halten würde?

»Ach, Kuschel! Das ist jetzt schon das zweite Mal in dieser Woche. Das halt ich nicht aus! Ich weiß ja, du bist eine Katze und das ist ganz natürlich und so. Aber bitte hör auf damit, mir zuliebe.«

Sie sah mir in die Augen.

»Versprichst du mir das? Bitte!«

Ich versuchte ihr die kalte Schulter zu zeigen, aber sie fiel nicht darauf herein.

»Ich mein's ernst, Kuschel«, sagte sie. »Ich hab dich lieb und ich weiß, wie dir zumute ist. Aber das muss aufhören, verstehst du?«

Sie hielt mich bei den Vorderpfoten. Was konnte ich schon sagen? Ich versuchte also reumütig dreinzuschauen.

Und dann brach sie wieder in Tränen aus und wir hatten die nächste Beerdigung.

Langsam komm ich mir vor wie im Irrenhaus. Echt.

Donnerstag

Okay, okay! Ich will versuchen, das mit dem Hasen zu erklären. Erst mal hat es, glaube ich, niemand so richtig zu würdigen gewusst, dass ich ihn durch die Katzenklappe gekriegt hab. Ganz schön schwierig war das, kann ich euch sagen. Fast eine Stunde hat es gedauert, bis der Hase durch das enge Loch durch war. Richtig fett war der. Eher ein Schwein als ein Hase, wenn ihr mich fragt.

Aber nicht, dass meine Meinung irgendjemand interessiert hätte. Sie sind ausgerastet: »Das ist ja Hoppel!«, schrie Ellie.

»Hoppel von nebenan!«

»Ach, du liebe Zeit!«, rief Ellies Vater.

»Jetzt haben wir den Salat. Was machen wir denn jetzt?«

Ellies Mutter starrte mich an. »Wie kriegt eine Katze nur so was fertig?«, fragte sie.

»Ich meine, das ist ja kein Vögelchen oder eine Maus oder so. Der Hase ist genauso groß wie Kuschel und einer so fett wie der andere!«

Reizend. Wirklich reizend. Und das ist meine Familie, wie ich betonen möchte. Na ja, Ellies Familie. Aber ihr versteht schon.

Ellie flippte natürlich aus. Sie drehte total durch.

»Oh, nein!«, schrie sie. »Das darf doch nicht wahr sein! Ich kann nicht glauben, dass Kuschel das getan hat! Wo Hoppel schon so viele Jahre neben uns wohnt!«

Stimmt. Hoppel war mein Freund. Ich kannte ihn gut.

Sie fiel über mich her.

»Kuschel! Jetzt reicht's aber! Der arme, arme Hase! Schau ihn dir an!«

Ich geb's zu, Hoppel sah wirklich ein bisschen ramponiert aus. Aber das meiste war nur Dreck. Und ein paar Grasflecken. Und in seinem Fell hingen so allerhand kleine Zweige und anderes Zeug. Und an einem Ohr hatte er einen Ölschmierer. Aber wenn man durch einen ganzen Garten, eine Hecke, noch einen Garten und eine frisch geölte Katzenklappe gezerrt wird, dann sieht man nun mal nicht aus wie aus dem Ei gepellt.

Und Hoppel war es sowieso egal, wie er aussah. Er war schließlich tot.

Aber den anderen war es nicht egal. Überhaupt nicht.

»Was machen wir denn jetzt?«

DAVID MICHIE

Die Katze des Dalai Lama und die Kunst des Schnurrens

Aus dem Englischen übersetzt von *Kurt Lang*

Irgendwann steht jeder Katzenliebhaber einmal vor dem Problem: Wie sage ich meinem vierbeinigen Gefährten, dass ich für längere Zeit verreise? Und nicht nur übers Wochenende?

Für uns Katzen ist die *Art und Weise*, mit der die Menschen ihre bevorstehende Abreise kundtun, von großer Bedeutung. Einige meiner Artgenossen bestehen auf frühzeitiger Vorwarnung, damit sie sich geistig auf die kommenden Veränderungen einstellen können. Andere dagegen ziehen es vor, von der Nachricht überrascht zu werden, als würde eine wütende Elster während der Brutzeit auf sie herniederfahren: Kaum hat man begriffen, was da vorgeht, ist es auch schon passiert.

Das Personal scheint sich darauf einzurichten: Die einen schmieren einem schon Wochen vor ihrer Abreise Honig ums Maul. Die anderen holen mir nichts, dir nichts den Koffer aus der Abstellkammer.

Ich selbst kann mich im Grunde sehr glücklich schätzen, denn auch wenn der Dalai Lama auf Reisen geht, verändert sich der Alltag hier im Namgyal nicht großartig. Nach wie vor verbringe ich viel Zeit auf dem Fensterbrett seiner Gemächer im ersten Stock, einem Aussichtspunkt, von dem aus ich mit geringstem Aufwand möglichst viel mitbekomme. Außerdem bin ich oft im Büro der Assistenten Seiner Heiligkeit. Und nicht zu vergessen der regelmäßige kurze Spaziergang ins Himalaja-Buchcafé, in dem immer eine angenehme, freundliche Atmosphäre herrscht und verlockende Köstlichkeiten auf mich warten.

Dennoch – ohne Seine Heiligkeit ist es nicht dasselbe. Wie man sich in Gegenwart des Dalai Lama fühlt? Ich kann es nicht besser beschreiben als mit dem einen Wort: großartig. Sobald er einen Raum betritt, werden alle Anwesenden von seiner Energie und seiner von Herzen kommenden Heiterkeit berührt. Welche Probleme man auch sonst im Leben hat, welche Tragödien oder welcher Verlust einen ereilt haben mögen, während der Zeit, die man mit Seiner Heiligkeit verbringt, empfindet man tief im Inneren die Gewissheit, dass alles gut ist.

Wer das noch nicht selbst erfahren hat: Es ist, als ob man eine Dimension an sich entdecken würde, die immer schon da war und die einen durchströmt wie ein unterirdischer, bisher unbekannter Fluss. Und sobald man diesen Quell einmal wiederentdeckt hat, erfährt man nicht nur tiefen Frieden im Kern seines Wesens, sondern darf auch für einen kurzen Moment einen Blick auf das eigene Bewusstsein werfen – strahlend, grenzenlos und voller Liebe.

[...]

Obwohl ich auch dann noch ein privilegiertes, sehr angenehmes Leben führe, wenn der Dalai Lama auf Reisen ist, könnt ihr also sicher nachvollziehen, warum mir seine Gegenwart weitaus lieber ist. Dessen ist sich auch Seine Heiligkeit bewusst – genauso wie er weiß, dass ich zu der Sorte Katze gehöre, die vorab informiert werden will, wenn er zu verreisen beabsichtigt. Will ihn einer seiner Assistenten – entweder Chogyal, der junge, pummelige Mönch, der für die spirituellen Belange und die Angelegenheiten des Klosters zuständig ist, oder Tenzin, der erfahren Diplomat, der ihm in weltlichen Dingen zur Hand geht – an eine bevorstehende Reise erinnern, blickt Seine Heiligkeit auf und sagt so etwa wie: »Ende nächster Woche zwei Tage Neu-Delhi.«

Die Männer denken dann vielleicht, dass er den Termin bestätigt. In Wahrheit jedoch sagt er es nur *meinetwegen*.

Vor einer längeren Reise bereitet er mich auf seine Abwesenheit vor, indem er mir die Anzahl der Nächte vor Augen führt, die er fortbleiben wird. Außerdem legt er großen Wert darauf, dass wir am Abend vor seinem Aufbruch eine gewisse Zeit zusammen verbringen. Nur wir beide. In diesen kostbaren Minuten verständigen wir uns so innig miteinander, wie es nur Katzen und ihren menschlichen Gefährten möglich ist.

Was mich wieder zu der Botschaft zurückbringt, die ich euch von Seiner Heiligkeit überbringen soll. Er gab sie mir am Abend vor seiner Abreise zu einem siebenwöchigen Lehraufenthalt in den Vereinigten Staaten und Europa – so lange waren wir vorher noch nie voneinander getrennt gewesen. Während sich die Dämmerung über das Kangra-Tal legte, stand er von seinem Schreibtisch auf, kam zum Fensterbrett herüber und ging vor mir in die Hocke. Während er in meine blauen Augen schaute, sagte er: »Morgen muss ich fort, meine kleine Schneelöwin.« Diesen Kosenamen mag ich besonders gern, weil die Tibeter Schneelöwen als himmlische Geschöpfe betrachten, die Schönheit, Furchtlosigkeit und Fröhlichkeit symbolisieren. »Sieben Wochen, das ist länger, als ich normalerweise unterwegs bin. Ich weiß, dass du mich am liebsten hierbehalten würdest, aber ich werde auch noch von anderen gebraucht.«

Ich richtete mich auf, streckte die Pfoten und dehnte mich lange und ausgiebig. Dann gähnte ich herzhaft.

»Was für ein schönes rosa Mäulchen«, sagte Seine Heiligkeit lächelnd. »Es freut mich, dass deine Zähne und dein Zahnfleisch bei bester Gesundheit sind.«

Ich kam näher und stupste ihn liebevoll mit dem Kopf an.

»Ach, du bringst mich zum Lachen!«, sagte er. So blieben wir, Stirn an Stirn, während er meinen Hals kraulte. »Ich werde eine Zeit lang nicht hier sein, aber dein Wohlbefinden hängt nicht von meiner Anwesenheit ab. Du kannst trotzdem sehr glücklich sein.«

Seine Fingerspitzen massierten die Hinterseite meiner Ohren. Genau so, wie ich es mag.

»Du glaubst vielleicht, dass dein Glück von meiner Anwesenheit oder den Leckereien abhängt, die du unten im Café bekommst.« Seine Heiligkeit machte sich keine Illusionen darüber, weshalb ich ein so eifriger Besucher des Himalaja-Buchcafés war. »Aber versuch doch mal, in den nächsten sieben Wochen die *wahre* Ursache des Glücks herauszufinden. Und wenn ich zurückkomme, kannst du mir von deinen Erkenntnissen berichten.«

Behutsam und liebevoll nahm mich der Dalai Lama in den Arm, und gemeinsam betrachteten wir das Kangra-Tal durch das offene Fenster. Es ist ein majestätischer Anblick: das blühende, gewundene Tal, die sanften, von immergrünen Wäldern bedeckten Hügel, weit dahinter die schneebedeckten Gipfel des Himalajas, die in der Abendsonne glänzen. Die sanfte Brise, die durch das Fenster hereinwehte, duftete nach Kiefern, Rhododendron und Eiche; ein magisches Flirren lag in der Luft.

»Ich werde dir die wahren Ursachen des Glücks verraten«, flüsterte er mir ins Ohr. »Diese Botschaft ist nur für dich bestimmt – und für diejenigen, die karmisch mit dir verbunden sind.«

Ich fing an zu schnurren, erst leise, dann so laut wie ein winziger Außenbordmotor.

»Genau, meine kleine Schneelöwin«, sagte der Dalai Lama. »Ich möchte, dass du die Kunst des Schnurrens erforschst.«

PATRICIA HIGHSMITH

Mings fetteste Beute

Aus dem Amerikanischen übersetzt von *Melanie Walz*

Ming lag gemütlich am Fuß der Koje seiner Herrin, als der Mann ihn am Nacken ergriff, draußen absetzte und die Kabinentür schloß. Vor Schreck und kurzfristigem Zorn weiteten sich Mings blaue Augen, schlossen sich aber angesichts des gleißenden Sonnenlichts wieder zu Schlitzen. Er war nicht zum ersten Mal unsanft aus der Kabine hinausbefördert worden, und er wußte, daß der Mann es dann tat, wenn Mings Herrin Elaine gerade nicht hersah.

Auf dem Segelboot gab es jetzt keinen Schutz vor der Sonne, doch noch war es Ming nicht zu warm. Gewandt sprang er auf das Kabinendach und betrat die Taurolle gleich hinter dem Mast. Diese Taurolle paßte Ming gut als Sofa, weil er von dort oben alles im Blick hatte, vor starken Winden geschützt war und seine Unterlage in der Mitte der Yacht obendrein das Schwanken und die plötzlichen Kurswechsel der *White Lark* dämpfte. Doch jetzt war das Segel eingeholt worden, weil Elaine und der Mann ihren Lunch gehabt hatten und wie oft nach dem Lunch eine Siesta hielten, und während dieser Zeit wollte der Mann ihn nicht in der Kabine haben, das wusste Ming. Gegen die Lunchzeit hatte Ming nichts. Er selbst hatte soeben köstlichen gegrillten Fisch und ein bißchen Hummer gespeist. Jetzt lag Ming entspannt in die Taurolle geschmiegt, riß gähnend das Schnäuzchen auf und blickte dann aus seinen gegen die grelle Sonne beinahe ganz geschlossenen Augenschlitzen zu den hellbraunen Bergen und den weißen und rosafarbenen Häusern und Hotels, die die Bucht von Acapulco umschlossen. Zwischen der *White Lark* und dem Strand, wo

61

Badende unhörbar planschten, blinkte die Sonne auf der Wasseroberfläche wie Tausende winziger elektrischer Lichter, die an- und ausgingen. Ein Wasserskifahrer flitzte vorbei, eine weiße Gischtspur hinter sich herziehend. Welcher Aufwand! Ming döste fast und spürte, wie die Hitze der Sonne sich in sein Fell grub. Er stammte aus New York und betrachtete Acapulco als gewaltigen Fortschritt gegenüber der Umgebung in seinen ersten Lebenswochen. Er erinnerte sich an eine lichtarme Kiste, mit Stroh ausgelegt, und drei oder vier weitere junge Kätzchen und ein Fenster, hinter dem riesige Gestalten für einen Augenblick stehenblieben, klopften, um seine Aufmerksamkeit zu erregen, und weitergingen. An seine Mutter erinnerte er sich überhaupt nicht. Eines Tages kam eine junge Frau, die nach etwas Angenehmem roch, herein und nahm ihn mit – weg von dem scheußlichen, erschreckenden Geruch nach Hunden, Medikamenten und Papageienkot. Dann fuhren sie mit etwas, das, wie Ming inzwischen wußte, ein Flugzeug war. Inzwischen war er an Flugzeuge gewöhnt und konnte sie gut leiden. Im Flugzeug saß und schlief er auf Elaines Schoß, und wenn er Hunger hatte, gab es immer etwas zu naschen.

Elaine verbrachte jeden Tag viel Zeit in einem Laden in Acapulco, wo an allen Wänden Kleider und Hosen und Badeanzüge hingen. Dort roch es sauber und frisch, vor dem Laden waren Blumen in Töpfen und Blumenkästen, und der Boden bestand aus kühlen blauen und weißen Fliesen. Ming konnte nach Belieben in den Hof hinter dem Laden spazieren oder in seinem Körbchen in einer Ecke schlafen. Vor dem Laden war mehr Sonne, aber freche Jungen hatten es oft auf Ming abgesehen, wenn er vor dem Laden saß, und deshalb konnte er sich dort nicht ausruhen.

Am liebsten lag Ming zusammen mit seiner Herrin auf einem der Liegestühle auf ihrer Terrasse zu Hause. Weniger lieb waren ihm die Menschen, die sie manchmal einlud, die über Nacht blieben, zu Dutzenden bis tief in die Nacht aufblieben und aßen und tranken und Grammophon oder Klavier spielten – die ihn von Elaine trennten. Menschen, die ihm auf die Pfoten traten, die ihn manchmal von hinten hochhoben, bevor er sich wehren konnte, so daß er sich sträuben und winden mußte, um sich zu befreien, die ihn ungeschickt streichelten, die irgendwelche Türen schlossen und ihn dabei einsperrten. *Menschen!* Ming verabscheute Menschen. Auf der ganzen Welt konnte er nur Elaine leiden. Elaine liebte ihn und verstand ihn.

Vor allem diesen Mann namens Teddie verabscheute Ming in letzter Zeit. Teddie war seit neuestem dauernd anwesend. Ming gefiel es nicht, wie Teddie ihn beäugte, wenn Elaine nicht zusah. Und manchmal murmelte Teddie, wenn Elaine nicht zuhörte, Worte, die, wie Ming wußte, eine Drohung waren. Oder ein Befehl, den Raum zu verlassen. Ming nahm das gelassen. Es galt die Würde zu wahren. Und war seine Herrin etwa nicht auf seiner Seite? Der Eindringling war der Mann. Wenn Elaine zusah, tat der Mann manchmal, als möge er Ming, doch Ming ging ihm stets graziös, aber unmißverständlich aus dem Weg.

Mings Nickerchen wurde vom Geräusch der sich öffnenden Kabinentür unterbrochen. Er hörte Elaine und den Mann lachen und sprechen. Die große orangerote Sonne näherte sich dem Horizont.

»Ming!« Elaine trat zu ihm. »Herzchen, was machst du in dieser Hitze? Ich dachte, du wärst drinnen!«

»Das dachte ich auch!« sagte Teddie.

Ming schnurrte, wie immer beim Aufwachen. Elaine hob ihn sanft hoch, schmiegte ihn in ihre Arme und trug ihn hinunter in den mit einemmal kühlen Schatten der Kabine. Sie sprach zu dem Mann, in nicht gerade freundlichem Ton. Sie setzte Ming vor seiner Wasserschüssel ab; obwohl er nicht durstig war, trank er ihr zuliebe ein bißchen. Von der Hitze war ihm schwindelig, und er taumelte leicht.

Elaine nahm ein nasses Handtuch und wischte Ming das Gesicht, die Ohren und die Pfoten ab. Dann legte sie ihn behutsam auf die Koje, die nach ihrem Parfum roch, aber auch nach dem Mann, den Ming verabscheute.

Jetzt stritten seine Herrin und der Mann, das hörte Ming an ihrem Tonfall. Elaine blieb bei Ming auf der Kante der Koje sitzen. Und endlich hörte Ming das Platschen, das bedeutete, daß Teddie ins Wasser gesprungen war. Ming hoffte, daß er dort blieb, hoffte, daß er ertrank, hoffte, daß er wegblieb. Elaine machte in dem Aluminiumspülbecken ein Handtuch naß, wrang es aus, breitete es auf die Koje und setzte Ming darauf. Sie holte Wasser, und Ming, der jetzt durstig war, trank. Während er einschlief, spülte sie das Geschirr und räumte es weg. Es waren gemütliche Geräusche, die Ming gern hörte.

Doch schon bald ertönte ein neues Platschen und das Tappen von Teddies nassen Füßen auf Deck, und Ming wurde wieder wach.

Das Streiten hob wieder an. Elaine ging die paar Stufen zum Deck hinauf. Angespannt, das Kinn jedoch weiterhin auf dem feuchten Handtuch, behielt Ming die Kabinentür im Blick. Er hörte Teddies Schritte herunterkommen. Ming hob leicht den Kopf; er wußte, daß es keinen zweiten Ausgang gab, daß er in der Kabine gefangen war. Der Mann blieb stehen, ein Handtuch in Händen, und starrte Ming an.

Ming entspannte sich, als wollte er gähnen, und dabei schielte er ein wenig, und dann glitt ihm die Zunge ein Stück aus dem Mund. Der Mann wollte etwas sagen, sah aus, als wollte er das zusammengerollte Handtuch nach Ming werfen, doch dann zögerte er, behielt für sich, was er hatte sagen wollen, warf das Handtuch in das Spülbecken und beugte sich darüber, um sich das Gesicht zu waschen. Ming hatte Teddie nicht zum ersten Mal die Zunge herausgestreckt. Die meisten lachten, wenn er das tat, bei Partys beispielsweise, und Ming fand das recht amüsant. Aber er spürte, daß Teddie es als Akt der Aggression auffaßte, und deshalb streckte er Teddie absichtlich die Zunge heraus, während es ihm bei anderen Leuten eher versehentlich passierte.

Der Streit nahm kein Ende. Elaine machte Kaffee. Ming fühlte sich allmählich besser und ging wieder auf Deck hinaus, denn die Sonne war inzwischen untergegangen. Elaine hatte den Motor angeworfen; sie glitten langsam dem Strand entgegen. Ming fing Vogelgesang auf, sonderbare Rufe wie schrille Sätze, geäußert von Vögeln, die erst bei Sonnenuntergang die Stimme erhoben. Ming freute sich auf das Adobeziegelhaus auf den Klippen, das sein und seiner Herrin Zuhause war. Er wußte, daß sie ihn nicht zu Hause ließ (wo es für ihn bequemer gewesen wäre), wenn sie mit dem Boot hinausfuhr, weil sie befürchtete, man könnte ihn einfangen oder sogar umbringen. Ming verstand das. Man hatte ihn fast vor Elaines Augen zu stehlen versucht. Einmal war er in einem Wäschesack weggeschafft worden, und obwohl er sich aus Leibeskräften gewehrt hatte, bezweifelte er, daß er sich hätte befreien können, wenn Elaine nicht dem Jungen eine heruntergehauen und ihm den Sack entrissen hätte.

Ming hatte vorgehabt, wieder auf das Kabinendach zu springen, doch nach einem Blick hinauf beschloß er, seine Kräfte zu schonen, und kauerte sich mit eingezogenen Pfoten auf das warme, leise schaukelnde Deck und schaute dem näher kommenden Strand entgegen. Jetzt konnte er Gitarrenmusik vom Strand herwehen hören. Die Stimmen seiner Herrin und des Mannes verstummten. Einen Augenblick lang war das lauteste Geräusch das *Tschak-tschak-tschak* des Schiffsmotors. Dann hörte Ming die nackten Füße des Mannes die Stufen vor der Kabine heraufkommen. Ming drehte nicht den Kopf zu ihm um, doch seine Ohren zuckten unwillkürlich zurück. Er schaute auf das Wasser, das vor und unter ihm in Entfernung eines kurzen

Sprungs lag. Merkwürdigerweise war von dem Mann hinter ihm kein Laut zu vernehmen. Die Haare in Mings Nacken sträubten sich, und Ming warf einen Blick über die rechte Schulter.

Im gleichen Augenblick beugte der Mann sich vor und stürzte sich mit ausgebreiteten Armen auf Ming.

Ming war sofort auf den Beinen und sprang auf den Mann zu, in die einzige sichere Richtung auf dem Deck ohne Geländer, aber der Mann holte mit dem linken Arm aus und traf Ming vor die Brust. Ming wurde zurückgeschleudert, seine Krallen scharrten über Deck, und mit den Hinterbeinen rutschte er über Bord. Mit den Vorderpfoten klammerte er sich an das glatte Holz, das ihm wenig Halt bot, während seine Hinterpfoten sich abmühten, ihn auf Deck zurückzubugsieren, sich auf der Seite des Bootes abmühten, die in einem für Ming ungünstigen Winkel geneigt war.

Der Mann trat vor, um Mings Pfoten mit dem Fuß wegzustoßen, doch in diesem Augenblick kam Elaine die Treppe herauf.

»Was ist los? *Ming*!«

Nach und nach manövrierten Mings kräftige Hinterbeine ihn zurück auf Deck. Der Mann war niedergekniet, als wollte er helfen. Elaine hatte sich ebenfalls auf die Knie geworfen und hielt Ming jetzt am Nacken gepackt.

Ming entspannte sich, auf Deck gekauert. Sein Schwanz war naß.

»Er ist über Bord gefallen!« sagte Teddie. »Ungelogen, das macht der Sonnenstich. Er hat das Gleichgewicht verloren und ist runtergefallen, als das Boot einen Hopser gemacht hat.«

»Das kommt von der Sonne. Armer Ming!« Elaine hielt die Katze an die Brust gedrückt und trug sie behutsam in die Kabine. »Teddie, kannst du bitte das Steuer übernehmen?«

Der Mann kam in die Kabine herunter. Elaine hatte Ming auf die Koje gesetzt und sprach leise zu ihm. Mings Herz klopfte noch heftig. Er war auf der Hut vor dem Mann am Steuer, obwohl Elaine bei ihm war. Ming war sich dessen gewahr, daß sie in die kleine Bucht eingefahren waren, die sie immer ansteuerten, bevor sie von Bord gingen.

Hier befanden sich Teddies Freunde und Verbündete, die Ming aus diesem Grund verabscheute, obwohl es lediglich mexikanische Jungen waren. Zwei, drei Jungen in Shorts riefen: »Señor Teddie!« und streckten die Hand aus, um Elaine zum Dock hochzuhelfen, ergriffen das Tau vorne am Boot und boten an, »Ming! Ming!« zu tragen. Ming sprang aus eigener Kraft auf das Dock und wartete geduckt auf Elaine, bereit, wegzuspringen, sobald eine andere als ihre Hand ihn berühren sollte – und es waren viele braune Hände da, die nach ihm griffen, so daß Ming nicht zur Ruhe kam. Gelächter, Ausrufe, das Getrappel nackter Füße auf Holzplanken. Doch gleichzeitig Elaines beruhigende Stimme, die sie wegscheuchte. Ming wußte, daß Elaine damit beschäftigt war, die Plastiktaschen einzusammeln und die Kabinentür abzuschließen. Mit Hilfe eines der mexikanischen Jungen spannte Teddie jetzt die Segeltuchplane über die Kabine. Elaines sandalenbekleidete Füße tauchten neben Ming auf. Ming folgte ihr. Ein Junge nahm Elaine die Sachen ab, die sie trug, und sie hob Ming auf.

Sie stiegen in den großen Wagen ohne Dach, der Teddie gehörte, und fuhren die gewundene Straße zu Elaines und Mings Haus hinauf. Einer der Jungen saß am Steuer. Der Ton, in dem Elaine und Teddie sich unterhielten, war jetzt ruhiger und friedlicher. Der Mann lachte. Ming saß angespannt auf dem Schoß seiner Herrin. Daran, wie sie ihn streichelte und seinen Nacken kraulte, konnte er spüren, daß sie um ihn besorgt war. Der Mann streckte die Hand aus, um Ming Rücken zu berühren, und Ming ließ ein leises, unruhiges Knurren hören, zuerst tief, dann hoch, dann wieder tief.

ERICH KÄSTNER

Die Konferenz der Tiere

Nach einer Idee von *Jella Lepman*

telegramm an alle welt: – .. – konferenz in london
beendet –..– verhandlungen ergebnislos – .. – bildung
von vier internationalen kommissionen –..– nächste
konferenz beschlossen –..– wegen tagungsort noch
meinungsverschiedenheiten –..– –..– – –..– – – –

Eines schönen Tages wurde es den Tieren zu dumm. Der Löwe
Alois, der sich mit Oskar, dem Elefanten, und dem Giraffen-
männchen Leopold wie immer freitags zum Abendschoppen
am Tsadsee in Nordafrika traf, sagte, seine Künstlermähne
schüttelnd: »O diese Menschen! Wenn ich nicht so blond wäre,
könnte ich mich auf der Stelle schwarz ärgern!«

Oskar, der Elefant, drehte sich unter dem eignen hocherho-
benen Rüssel, woraus er, wie unter einer lauen Badezimmer-
dusche, den staubigen Rücken besprengte, räkelte sich faul und
brummte etwas im tiefsten Baß vor sich hin, was die beiden anderen nicht verstanden.

Die Giraffe Leopold stand mit gegrätschten Beinen am Wasser und trank in kleinen hastigen Schlucken. Dann meinte sie,
ach nein, er: »Schreckliche Leute! Und sie könnten's so hübsch
haben! Sie tauchen wie die Fische, sie laufen wie wir, sie segeln
wie die Enten, sie klettern wie die Gemsen und fliegen wie die
Adler, und was bringen sie mit ihrer Tüchtigkeit zustande?«

»Kriege!«, knurrte der Löwe Alois. »Kriege bringen sie zustande. Und Revolutionen. Und Streiks. Und Hungersnöte. Und
neue Krankheiten. Wenn ich nicht so blond wäre könnte ich
mich auf der Stelle ... «

» ... schwarz ärgern«, vollendete die Giraffe den Satz. Denn den kannten die Tiere der Wüste längst auswendig.

»Mir tun bloß die Kinder leid, die sie haben«, meinte der Elefant Oskar und ließ die Ohren hängen. »So nette Kinder! Und immer müssen sie die Kriege und die Revolutionen und Streiks mitmachen, und dann sagen die Großen noch: Sie hätten alles nur getan, damit es den Kindern später einmal besser ginge. So eine Frechheit, was?«

»Ein Vetter meiner Frau«, erzählte Alois, »war während des letzten Weltkriegs an einem großen Zirkus in Deutschland engagiert. Als Balanceakt und Reifenspringer. Hasdrubal, der Wüstenschreck, ist sein Künstlername. Bei einem schweren Luftangriff brannte das Zelt ab, und die Tiere rissen sich los ... «

»Die armen Kinder«, brummte der große Elefant.

» ... und die ganze Stadt stand in Flammen, und die Tiere und die Menschen schrien«, fuhr der Löwe fort, »und Hasdrubal, dem Vetter meiner Frau, sengte der glühende Wind die Mähne ab, und er trägt seitdem ein Toupet.« Wütend schlug Alois den Sand der Sahara mit seinem Schweif. »Diese Dummköpfe!«, brüllte er. »Immer wieder müssen sie Kriege machen, und kaum haben sie alles entzweigemacht, raufen sie sich die Haare! Wenn ich nicht so blond wäre ... «

»Schon gut«, unterbrach ihn die Giraffe. »Aber Schimpfen hilft nichts. Es müßte etwas geschehen!«

»Jawohl!« trompetete Oskar, der Elefant. »Vor allem wegen der Kinder, die sie haben – aber was?«

Da ihnen nichts einfiel, trotteten sie betrübt heim.

Als Oskar nach Hause kam, wollten die Elefantenkinder nicht ins Bett, und das Kleinste rief: »Lies uns, bitte, noch was vor!« Da griff der Vater zur »Neuen Sahara-Illustrierten« und las mit lauter Stimme: »Vier Jahre nach dem Krieg gibt es in Europa immer noch viele Tausende von Kindern, die nicht wissen wo ihre Eltern sind, und unzählige Eltern, die ... «

»Hör auf, Oskar!« sagte da seine Frau. »Das ist nichts für kleine Elefanten!«

Als Leopold heimkam, wollten die kleinen Giraffen noch nicht schlafen, und das Jüngste rief: »Bitte, Papa, lies uns was vor!« Da griff der Vater zum »Täglichen Sahara-Boten« und las: »Vier Jahre nach dem Kriege hat sich die Zahl der Flüchtlinge in Westdeutschland auf vierzehn Millionen, vorwiegend Greise und Kinder, erhöht, und ihre Zahl nimmt von Monat zu Monat zu. Niemand will sie ... «

»Hör auf, Leopold!« sagte da seine Frau. »Das ist nichts für kleine Giraffen!«

Als Alois ins Schlafzimmer trat, riefen alle seine Kinder: »Bitte, bitte, lies uns noch was vor!« Da griff der Vater zum »Allgemeinen Sahara-Anzeiger«, sagte: »Seid schon still!« und las: »Vier Jahre nach dem Krieg, der die halbe Welt zerstört hat und dessen Folgen auch heute noch nicht abzusehen sind, kursieren bereits Gerüchte von einem neuen Kriege, der sich heimlich vorbereite und nächstens ... «

»Höre sofort auf, Alois!« rief da seine Frau. »Still! Das ist nichts für kleine Löwen!«

Als die Elefäntchen und alle anderen Tierkinder schliefen, mußte Oskar, der große Elefant, in der Küche, wo seine Frau abwusch, das Geschirr abtrocknen. »Es ist zum Aus-der-Haut-Fahren«, brummte er. »Das bißchen Geschirr!«, maulte sie. »Du wirst täglich fauler!« »Ich meine doch nicht deine Teller und Tassen«, sagte er, »ich denk an die Menschen! An die Flüchtlinge, an die Atombombe, an die Streiks, an den Hunger in China, an den Überfluß in Südamerika, an den Krieg in Vietnam, an die verlorenen Kinder und Eltern, an die Unruhen in Palästina, an die Gefängnisse in Spanien, an den Schwarzen Markt, an die Emigranten ... « Er sank erschöpft auf einen Küchenstuhl. Seine Frau spülte gerade die Milchtöpfe der Kinder mit ihrem Rüssel. »Da!«, rief er plötzlich. Sie ließ vor Schreck eins der Töpfchen fallen. »Da!«, brüllte er dumpf und schlug mit der Faust auf den Küchentisch, wo das »Sahara-Abendblatt« lag. »Da! Lies! Wieder eine Konferenz zum Teufel! O diese Menschen! Sie können nur zerstören! Sooft sie aufbauen wollen, wird's ein Turm zu Babel! Mir tun bloß ihre Kinder leid!«

telegramm an alle welt: – .. – konferenz der aussenminister in paris abgebrochen – .. – keine resultate – .. – verstimmung in den hauptstädten – .. – wiederaufnahme der konferenz donnerstag in vier wochen – .. – überall geheime kabinettssitzungen anberaumt –..– –..– – –..– – – –

Oskar zerknüllte die Zeitung und warf sie unter den Tisch. Dabei fiel ihm der Schulranzen seines Ältesten ins Auge. Er packte ihn, nahm Malkasten und Zeichenpapier heraus und sagte: »Schau her, Frau! Jetzt zeig ich dir, wie's auf der Erde aussieht!« Dann zeichnete er zwei Kreise. Das waren die Erdhälften ...

»Das ist die eine Erdhälfte«, sagte der Elefant zu seiner Frau. »Und überall herrschen unter den Menschen Not und Unvernunft. Das sieht jedes Tier ... «

»Nur ein Tier«, sagte der Elefant, »will das Elend und Durcheinander nicht sehen – das ist der Vogel Strauß. Er steckt den Kopf in den Sand.«

»Das ist die andere Erdhälfte«, sagte der Elefant zu seiner Frau. »Und überall herrschen seit Jahrhunderten Krieg, Not und Unvernunft. Das sieht jeder Mensch ... «

»Nur manche Menschen«, meinte der Elefant, »wollen daraus nichts lernen. Sie regieren und reden und machen Konferenzen ... « »Ich weiß«, sagte seine Frau, »und stecken den Kopf in den Sand.«

Nach einer Nacht voller merkwürdiger Träume rannte der Elefant, noch verschlafen und in Pantoffeln, in aller Herrgottsfrühe zum Telefon und meldete sechs Ferngespräche an: eines mit seinem kleinen Neffen, dem Tapir Theodor, in Südamerika; eins mit dem Känguruh Gustav in Australien; eines mit dem alten Eisbären Paul am Nordpol; eins mit der Eule Ulrich in Mitteleuropa; das fünfte mit der Maus Max in Asien und das sechste mit Reinhold, dem Stier, in Nordamerika. Da hatten die Störche und Flamingos, die im ägyptischen Hauptpostamt als Telefonfräuleins angestellt waren, mächtig zu tun. Erst gab es ein paar Fehlverbindungen, aber schließlich klappte es.

»Hört bitte genau zu!«, rief Oskar, der Elefant. »Mit den Menschen geht das so nicht weiter! Versteht ihr mich?« »Ja Oskar!«, antworteten die sechs, so laut sie konnten. »Ich habe eine Idee gehabt!«, brüllte der Elefant. »Es ist ihrer Kinder wegen, bloß deshalb! Eine ausgezeichnete Idee! Das heißt, mir und meiner Frau gefällt sie sehr gut ... Sie ist bestimmt nicht übel ... Nein, schlecht ist sie nicht ... Es gibt dümmere Einfälle ... Warum sagt ihr denn gar nichts?« »Wir warten auf deine Idee!«, rief der Stier Reinhold in Nordamerika. »Ach so!«, sagte der Elefant, und alle sieben mußten lachen. »Nun, verrate sie uns schon!«, kicherte die Maus Max in Asien. »Also, hört zu!«, rief der Elefant. »Die Menschen machen in einem fort Konferenzen, ohne etwas zu erreichen und so ist meine Idee, daß wir auch – eine Konferenz abhalten!«

Nach diesen Worten blieb es in den sechs Telefonleitungen ziemlich lange still. Schließlich schnatterten und klapperten die Flamingos und Störche ungeduldig mit den Schnäbeln und fragten spitz: »Sprechen Sie noch?«

»Unterstehen Sie sich, mich zu trennen!«, trompetete der Elefant. Dann brüllte er: »Paul! Theodor! Max! Reinhold! Ulrich! Gustav! Seid ihr plötzlich taubstumm geworden?«

»Das nun nicht gerade«, meinte der Eisbär und wiegte nachdenklich den weißen Kopf, »es ist nur ein bißchen merkwürdig ... Erst schimpfst du auf die Konferenzen, und dann ... «

»Paul hat ganz recht«, schnarrte die Eule, »erst schimpfst du, und nun sollen wir selber so ein Ding abhalten!«

»Hui!« pfiff Max, die Maus, »wir werden uns blamieren, paßt auf!«

»Den Teufel werden wir tun!«, donnerte Oskar »Es liegt doch nicht an den Konferenzen, sondern an den Menschen! Habt ihr denn gar keine Selbstachtung, wie? Das wäre ja gelacht! Hört zu, ihr Angstmeier: Heute in vier Wochen versammeln sich sämtliche Abordnungen im Hochhaus der Tiere! Verständigt umgehend alle Gattungen und Arten! Termin – heute in vier Wochen! Treffpunkt – Hochhaus der Tiere! Da werden wir ja sehen, ob ...«

»Die fünf Minuten sind um«, schnatterten die Telefonfräuleins im ägyptischen Hauptpostamt, »wir müssen trennen.«

»Dumme Gänse«, brummte Oskar verärgert.

»Gänse?«, riefen die Telefonfräuleins empört. »Erlauben Sie mal! Hier werden nur Störche und Flamingos beschäftigt!«

»Dann also: Dumme Stelzfüßler!«, meinte der Elefant achselzuckend und hängte ein. Er war völlig erschöpft und mußte sich die Stirn abtrocknen.

(Sein Taschentuch war übrigens vier Meter lang und vier Meter breit.)

Der Nachrichtendienst klappte wie am Schnürchen. Die Hunde jagten wie der Wirbelwind durch die Städte und Dörfer. Die Wiesel raschelten durch die Gärten. Die Hirsche und Rehböcke galoppierten durch die Wälder, daß es dürre Zweige regnete. »Heute in vier Wochen Konferenz im Hochhaus der Tiere!«

Die Zebras donnerten wie ein Gewitter durch die Wüsten. Die Gazellen und Antilopen schossen wie Pfeile über die Steppen. Der Vogel Strauß und der Emu griffen aus, daß der Staub wie Wolken von der Erde aufstieg. »Heute in vier Wochen Konferenz im Hochhaus der Tiere!«

Die Rentiere trabten dampfend über die Tundra. Die Polarhunde sprangen bellend durch die Mittsommernacht. Die Möwen gellten es den Pinguinen ins Ohr: »Heute in vier Wochen Konferenz im Hochhaus der Tiere!«

Die Affen schwangen sich schreiend in den Urwäldern von Baum zu Baum. Die schillernden Käfer summten es. Die kleinen bunten Kolibris zirpten es. »Heute in vier Wochen Konferenz im Hochhaus der Tiere!«

ERNESTO FERRERO

Die Geschichte von Quirina, dem Maulwurf und einem Garten in den Bergen

Aus dem Italienischen übersetzt von *Friederike Hausmann*

Sobald sie das Törchen hinter sich geschlossen hatte, betrat Quirina den Rasen und erfreute sich an dem weichen, gleichmäßigen Grasteppich. Da plötzlich sah sie den Schandfleck. Das Unsägliche. Die unerträgliche Beleidigung.

Neben der ersten Hortensie erhob sich ein kegelförmiges, frisch aufgeworfenes Häufchen. Es hatte die sattbraune Farbe von Erde, die so fruchtbar ist, dass sogar ein eingepflanzter Stecken irgendwann austreiben würde. Von der Sonne angetrocknet, changierte es in ein elegantes Taubengrau. Die fein bearbeiteten Krümel erinnerten an die geschälten und klein gehackten Esskastanien, aus denen man den Kegel des »Monte Bianco« auftürmte.

Das Bild dieser Süßspeise, die Quirina besonders liebte, konnte die Zornesröte, die sie in ihrem Gesicht aufsteigen fühlte, nicht mildern. Denn auch andere kleine Hügel wölbten sich hier und da frech aus dem Rasen, ohne irgendeinem erkennbaren Muster zu folgen. Sie wirkten wie Pickel, wie Entzündungen, wie Auswürfe, erstreckten sich von den Hortensien bis zu den alten Rosen und verunstalteten die glatte Grünfläche unrettbar genau dort, wo Quirina jeden Morgen die Klappstühle um den schmiedeeisernen Tisch mit dem Sonnenschirm aufstellte.

Quirina stieß einen markerschütternden Schrei aus, den man sogar in dem dreißig Meter entfernten Laden hören konnte, wo es neben Lebensmitteln auch viele andere nützliche Dinge zu kaufen gab. Keine Minute später knarrte das Türchen erneut, und umrahmt vom Bogen der Kletterrosen erschien *Signora*

75

Antonietta, die sich die Hände an ihrer weißen Schürze abtrocknete. Sie war eine imposante, sympathische Erscheinung, die noch blonden Locken stets akkurat frisiert, mit lebhaft geranienrot geschminkten Lippen und einer Mädchenstimme im Körper einer Matrone. Egal ob es sich um Garn, Gartenzwerge, Specksteinplatten, Bergkäse oder Maismehl handelte, wusste sie all ihre Waren so beredt anzupreisen, dass der Kunde von einer Welle der Kauflust überwältigt wurde. Weil sie zu jedem ihrer Produkte versicherte, es sei sublim, nannten die Kunden sie die »Sublime«.

Quirina erinnerte sie an ihre eigene Mutter, und Antonietta hatte sie unter ihre Fittiche genommen, ohne es sie merken zu lassen. Noch bevor sie ihren Laden aufsperrte, kontrollierte sie allmorgendlich, ob Quirina schon aufgestanden war und die Fensterläden des Wohnzimmers zum Kirchplatz hin geöffnet hatte. Und allabendlich versicherte sie sich, dass Quirina zu Hause war und diese Fensterläden geschlossen hatte.

»Um Himmels willen, Quirina«, rief die Sublime mit sich überschlagender Piepsstimme, »Was ist denn passiert? Geht es Ihnen nicht gut?«

Quirina nickte zuerst bejahend, dann schüttelte sie den Kopf. Mit zitterndem Finger deutete sie auf die Reihe von Erdhäufchen, die ihren Rasen verunstalteten. Zunächst verstand Antonietta nicht. Instinktiv wich sie einen Schritt zurück, als ob hinter den Hortensien und Rosen eine Schlange, ein Wildschwein, ein Wolf oder andere heimtückische Angreifer versteckt sein könnten. Sie kniff die Augen zusammen, denn die Sonne stand bereits hoch am Himmel, konnte aber nichts entdecken.

»Der Maulwurf!«, stieß Quirina schließlich hervor. »Hier, da! Schauen Sie nur, was dieses Ungeheuer angestellt hat, dieses Mistvieh, dieser widerliche Dreckskerl!«

Von ihren Gefühlen überwältigt, kamen ihr Ausdrücke über die Lippen, die sie sonst nie in den Mund nahm.

Erleichtert unterdrückte die Sublime ein Lachen und eilte in den Garten, um einen Klappstuhl zu holen, auf den Quirina sich fallen ließ. Obwohl es noch kühl war, musste sie sich Luft zufächeln.

Antonietta eilte zurück ins Geschäft, um ein Glas Wasser zu holen.

»Und das alles in einer Nacht!«, hauchte Quirina, nachdem sie das Glas in einem Zug geleert hatte. »Gestern Nachmittag war noch alles in Ordnung. Wie hat er das wohl gemacht? Allein kann er das nicht geschafft haben! Wie viele werden es sein? Wann sind sie gekommen, und warum? Woher bloß? Wer hat sie hergeschafft?«

»Hergeschafft hat sie wohl niemand«, versuchte Antonietta zu argumentieren. Sie musste lachen bei dem Gedanken, ein Maulwurfschmuggler könne im Dunkel der Nacht mit einem Lieferwagen gekommen sein, um die Tiere auf dem Rasen freizulassen. »Sogar auf dem Spielplatz sind so viele, dass er aussieht, als hätte er Windpocken. Da sieht man, dass auch sie sich bei uns wohlfühlen.« In Antoniettas Augen war die Anwesenheit der Maulwürfe ein Zeichen für die touristische Attraktivität der Gegend. Dann aber versuchte sie es mit einer wissenschaftlicheren Erklärung: »Vielleicht hat es etwas mit dem Klimawandel zu tun, mit der Verschiebung der Jahreszeiten. Alles geht doch drunter und drüber, man kapiert rein gar nichts mehr!«

Sicher war nur, dass alles mit allem zusammenhing, das hatte sie schon immer gewusst, auch ohne studiert zu haben. Ein Professor aus Mailand, der aussah wie Einstein und gern bei ihr einkaufte, ein sehr gebildeter und zugleich bodenständiger Mensch (er wollte nur Kartoffeln und Äpfel aus der Region, am liebsten zweite Wahl und im Angebot für neunzig Cent das Kilo), hatte ihr einmal an einem verregneten Tag erklärt, dass der Flügelschlag eines Schmetterlings in Peking ein

Unwetter in New York auslösen könne. Das ließe sich mathematisch beweisen.

Die Geschichte mit dem chinesischen Schmetterling hatte Antonietta mächtig beeindruckt und sie in ihrer Aversion gegen dieses Volk von Ameisen bestärkt, das bald die ganze Menschheit versklaven würde. In der Nacht hatte sie nicht von einem, sondern von Abertausenden von Schmetterlingen geträumt, die mit ihren Flügeln einen so heftigen Sturm entfachten, dass er sogar die uralten Tannen um den berühmten Turm entwurzelte, der das Ortswappen zierte.

Quirina hatte sich inzwischen mühsam erhoben, um die hässlichen Auswürfe einen nach dem anderen mit dem Absatz der lila Crocs niederzutrampeln, die ihr die Enkelinnen zum Geburtstag geschenkt hatten. Wütend stampfte sie die Erde in die Gänge zurück, aus denen sie herausgebuddelt worden war. Immer wieder hielt sie erschöpft inne und blickte fragend auf die Sublime. Es kam ihr vor, als hätten Räuber ihr Haus überfallen und als könne nichts die Entweihung, die Kränkung, den Schmutz und das durch fremde Gewalt verursachte entsetzliche Durcheinander wiedergutmachen.

Der Tag war ruiniert. Hastig verließ Quirina den Garten und warf das Türchen fast zornig hinter sich zu. Im Haus irrte sie ziellos umher und wusste nicht, was tun. Sie hatte keine Lust zu lesen, ja nicht einmal die Hausarbeit zu erledigen. Sie fühlte sich schmutzig und wusch sich im Bad so gründlich die Hände, als müsste sie hartnäckigsten Dreck beseitigen. Mehrmals roch sie an ihren Händen, als hätte sie im Mist gewühlt.

Trotzdem fühlte sie sich nicht wirklich sauber, ließ sich ein Bad ein und konnte sich erst im warmen Wasser ein wenig entspannen. In der Wanne ruhend, blickte sie auf die Badezimmerschränkchen, als hätte sie sie noch nie gesehen. Sie fand sie hässlich und erinnerte sich sehnsüchtig an die anheimelnden, dickbäuchigen Porzellankannen und Becken von einst. Sofort aber rief sie sich wieder zur Ordnung: Den unpraktischen Dingen der guten alten Zeit nachzutrauern, war ein Zeichen des Alters. Quirina aber fühlte sich nicht alt. Der Eindringling hatte sie sogar putzmunter gemacht. Sie war bereit, den Feind mit allen Kräften zu bekämpfen, als gelte es, die Grenzen des Vaterlands zu verteidigen.

Nur Mut, sagte sie sich, nur Mut. *À la guerre comme à la guerre*, gelobt sei, was hart macht. Ich nehme es mit dir auf.

ERWIN MOSER

Brief eines Mistkäfers

Liebe Schnecke!

Heute Morgen fand ich, nahe bei meinem Heim, eine Tinten-flasche. Ich habe lange überlegt, ob ich dir schreiben soll. Als ich dann auch noch ein Stück Seidenpapier fand, gab ich mir einen Ruck, suchte eine geeignete Hühnerfeder, und nun sitze ich hier, am Fuße meines Misthaufens, und schreibe diesen Brief.

Ja, ich will es gar nicht verschweigen oder beschönigen: Ich wohne auf einem Misthaufen, denn ich bin ein Mistkäfer! Und diese Tatsache war auch der Grund, der mich so lange zögern ließ, das Wort an dich zu richten. Ich bin ein gewöhnlicher Mist-käfer, und das bedeutet, dass ich hässlich bin und wohl auch ein bisschen stinke.

Als ich dich das erste Mal sah – das war vor drei Tagen –, meinte ich, das Herz müsste mir zerspringen! Ich liebte dich von der ersten Sekunde an, und schmerzlich war der Gedanke, dass diese Liebe unerfüllt bleiben würde. Nein, ich gebe mich keinen falschen Hoffnungen hin. Ich weiß, du würdest nie zu mir in den Misthaufen kommen. (Verzeih, es ist dumm von mir, diese Erwägung überhaupt auszusprechen ...)

Ich sah dich, hinter einem Kastanienblatt verborgen, wie du zu dem Zaun neben dem Hasenstall glittst. Da wir uns wahr-scheinlich nie mehr begegnen, wage ich es zu sagen: Du bist das schönste Wesen, das ich je erblickte! Dein schlanker Leib, deine zarten Fühler und zärtlichen Augen, dein unvergleichliches Schneckenhaus ... Zwei Tage lang hatte ich das unbeschreib-liche Glück, dir auf deinem Weg über den Zaun zuzusehen, dann verschwandest du auf der anderen Seite.

Du besitzt von Natur aus alle Gaben und Eigenschaften, die mir versagt sind. Du bist von göttlicher Weichheit und Reinheit, während ich hart bin und stinke. Deine Bewegungen sind eine einzige Augenweide, während ich ziemlich tollpatschig und plump dahinkrieche. Dein Wesen ist edel und strahlt Heiterkeit aus, und ich bin dumm und schwermütig. Niemand mag mich, jeder geht mir aus dem Weg, und ich kann es ihnen nicht einmal verdenken. Ich bin eben ein Mistkäfer. Doch unter meinem hässlichen, schwarzen Panzer, in meinem Herzen, sieht es ganz anders aus! Eine tiefe Sehnsucht nach Liebe und Schönheit wohnt dort, und als ich dich sah, wusste ich, dass du die reinste Verkörperung all meiner Sehnsüchte und Wünsche bist.

Geliebte Schnecke! Sollte dich dieser Brief jemals erreichen, so würde es mich unsagbar glücklich machen, wenn ich eine Antwort von dir bekäme. Für den Rest meines Lebens wäre ich der glücklichste Käfer der Welt!

Meine kühnsten Hoffnungen gingen jedoch in Erfüllung, wenn ich dich noch einmal sehen könnte. Aus der Ferne nur ... Vielleicht führt dich dein Weg irgendwann wieder an meinem Misthaufen vorbei. Auf diesen Tag werde ich warten!

Dein dich verehrender und
liebender Mistkäfer.

Als die Tinte trocken war, rollte der Mistkäfer den Brief zu einer winzigen Rolle zusammen und kroch auf die Spitze des Misthaufens. Dort setzte er sich nieder und wartete auf ein fliegendes Insekt. Er musste gar nicht lange warten. Eine dicke, graue Pferdefliege landete unweit von ihm auf einer faulen Tomate und begann daran zu saugen.

»Hallo ... «, sagte der Mistkäfer schüchtern.

Die Fliege schreckte zusammen und flog gedankenschnell auf. Aus einigen Metern Höhe sah sie dann, dass es nur ein Mistkäfer gewesen war, der sie angesprochen hatte, und sie kehrte zurück.

»Was schleichst du hier herum und erschreckst friedliche Leute beim Mittagessen?«, sagte die Pferdefliege verärgert.

»Entschuldige vielmals!«, bat der Käfer. »Es war nicht Absicht. Ich wollte dich nur um einen kleinen Gefallen bitten, doch das ist jetzt wohl hinfällig ... Auf Wiedersehen.«

»Hier geblieben!«, rief die Fliege, nun neugierig geworden. »Was ist das für ein Gefallen? Sei nicht so schüchtern, ich beiß dich nicht!«

»Weißt du, ich habe eben einen Brief geschrieben – an eine Schnecke, und ich brauche jetzt jemand, der ihn zu ihr bringt.«

»So, einen Brief hast du geschrieben«, sagte die Fliege belustigt. »Und wo soll diese Schnecke zu finden sein?«

»Das ist ein kleines Problem«, erwiderte der Käfer. »Sie ist gestern über diesen Zaun da geklettert, und ich nehme an, dass sie irgendwo am Ufer des Tümpels auf der anderen Seite ist. Weit kann sie nicht gekommen sein. Für jemand, der so gut fliegen kann wie du, wäre es ein Leichtes ... «

»Sicher«, sagte die Pferdefliege, »das ist es auch, und ich will den Brief auch zustellen, aber nur, wenn ich dafür etwas bekomme. Umsonst ist der Tod, mein Lieber, und der kostet das Leben!«

»Aber, ich besitze doch nichts«, sagte der Mistkäfer. »Ich wüsste nicht, was ich dir dafür geben könnte ... «

»Honig«, sagte die Fliege. »Hast du keinen Honig? Oder Würfelzucker oder Schokolade?«

»Nie gehabt«, erwiderte der Mistkäfer. »Tut mir schrecklich leid.«

»Hm ... «Die Fliege überlegte. »Bist ein armer Teufel«, sagte sie dann. »Zeig mal deinen Brief – was du überhaupt geschrieben hast –, wenn's wichtig ist, tu ich's vielleicht umsonst.«

Der Mistkäfer entrollte eilig den Brief, und die Fliege begann zu lesen. Nach dem ersten Absatz lachte sie, doch je weiter sie las, desto stiller und ernster wurde sie.

Als sie zu Ende gelesen hatte, sah sie den Käfer auf merkwürdige Weise an und sagte: »Du hast Recht, es ist ein wichtiger Brief. Sei so gut und rolle ihn wieder zusammen, ich werde gleich losfliegen und deine Schnecke suchen.«

»Danke!«, rief der Mistkäfer glücklich. »Du bist die netteste Fliege der Welt!«

»Na, na«, sagte die Fliege. »Gib schon her.« Sie fasste das dünne Papierröllchen mit ihren Beinen und stieg auf.

»Du musst mir dann mitteilen, was die Schnecke gesagt hat!«, rief ihr der Mistkäfer nach.

»Ja, ja ... «, rief die Fliege zurück, dann war sie im Sonnenlicht verschwunden.

Die Pferdefliege flog über den Holzzaun, ging dann tiefer und suchte mit ihren scharfen Augen den Boden ab. Sie flog das Ufer des Tümpels auf und ab, aber es war weit und breit keine Schnecke zu sehen. Dann erinnerte sich die Fliege, dass Schnecken kein pralles Sonnenlicht vertrugen, und wandte sich den Kräuterstauden und Büschen längs des Zaunes zu. Hier wurde die Suche immer mühseliger. Die Fliege landete auf beinahe jeder Pflanze und kroch durch das Blättergewirr zum schattigen Boden hinunter. Nur hier unten konnte sie die Schnecke finden, wenn überhaupt.

Der Tag ging zu Ende, und die Pferdefliege war schon sehr, sehr müde, als sie endlich die Schnecke entdeckte. Unter einem breitblättrigen Strauch saß sie, zurückgezogen in ihrem Haus.

Die Pferdefliege klopfte an das Schneckenhaus und rief: »Komm heraus, Schnecke! Ich habe einen Brief für dich!«

Das Schneckenhaus begann sich zu bewegen, und ganz langsam kam die Schnecke zum Vorschein. Ihre Stielaugen wuchsen aus dem Kopf und suchten den Störenfried.

»Was ist los?«, fragte sie, als sie die Fliege erblickte. »Hast du was von einem Brief gesagt? Habe ich da richtig gehört?«

»O ja!«, sagte die Fliege lächelnd. »Es ist ein ganz besonderer Brief. Hier, lies!« Sie entrollte das Seidenpapier und hielt es der Schnecke hin. Diese begann zu lesen.

Plötzlich schrie die Schnecke empört auf: »Aber, der Brief ist ja von einem Mistkäfer!«

Die Fliege fuhr zusammen, so laut hatte die Schnecke geschrien.

»Weg damit!«, rief die Schnecke weiter. »Das lese ich nicht! Briefe von stinkenden Käfern können mir gestohlen bleiben! Was fällt dir ein, mir so was vor die Nase zu halten?«

»Aber lies doch weiter«, sagte die Fliege. »Es ist ein Liebesbrief, und er ist ganz rührend geschrieben ... «

»Ein Liebesbrief!?«, japste die Schnecke. »Ich soll einen Liebesbrief von einem ekelhaften Mistkäfer lesen? Ich, eine edle Schnecke? Bleib mir vom Leib mit diesem Drecksfetzen! Was denkst du überhaupt, was ich bin?«

»Das kann ich dir sagen«, erwiderte die Fliege ganz ruhig und rollte den Brief wieder ein. »Eine widerliche Schleimkriecherin bist du! Ah, mir wird übel. Verzieh dich in deine Schale, bevor ich mich vergesse! Er liebt dich, der arme Käfer, er *liebt* dich, wenn dir das etwas sagt. Aber ich glaube, hier ist jedes weitere Wort überflüssig. Leb wohl – oder vielmehr: Ich wünsche dir, dass dich der nächste Vogel aufpickt. Das bist du nämlich in Wirklichkeit: Vogelfutter, nicht mehr und nicht weniger!«

Die Fliege packte das Briefröllchen und flog auf.

»Frechheit!«, sabberte die Schnecke hinter ihr her.

Die Pferdefliege flog zum Ufer des Tümpels und setzte sich auf einen Stein. Ihr Zorn war schnell verraucht und hatte einem Gefühl der Bitterkeit Platz gemacht.

Ach, Käfer, wie leid du mir tust, dachte sie. Du kannst doch nichts dafür, dass du im Mist lebst ...

RUDYARD KIPLING

Das Dschungelbuch

Aus dem Englischen übersetzt von *Reinhard Pietsch*

Rikki-Tikki-Tavi

Dies ist die Geschichte der großen Schlacht, die Rikki-Tikki-Tavi ganz allein im Badezimmer des großen Bungalows im Sugauli-Distrikt schlug. Darsie, der Webervogel, half ihm, und Chuchundra, die Moschusratte, die nie in die Mitte eines Raumes krabbelt, sondern immer nur an den Wänden entlangkriecht, hatte ein paar gute Ratschläge für ihn, aber den Kampf selbst führte Rikki ganz allein.

Rikki war ein Mungo: In Fell und Schwanz ähnelte er fast einer Katze, in Kopf und Wesen aber einem Wiesel. Augen und Nasenspitze, die immer in Bewegung war, glänzten rosig. Er war so beweglich, dass er sich mit jedem seiner Beine am ganzen Körper kratzen und putzen konnte. Das Fell an seinem Schwanz konnte er so sträuben, dass dieser einer Flaschenbürste glich, und wenn er durch das hohe Gras streifte, ließ er seinen pfeifenden Schlachtruf ertönen: »Rikki-tikki-tikki-tschick!« Eines Tages spülte ihn ein Sommerhochwasser aus dem Bau heraus, in dem Rikki mit seinen Eltern lebte. Er strampelte und schrie, doch das Wasser trug ihn mit sich fort und in einen Straßengraben. Dort bekam er ein Büschel Gras zu fassen und hielt sich daran fest, bis er die Besinnung verlor. Als er wieder zu sich kam, lag er in der heißen Sonne völlig durchnässt und verdreckt mitten auf dem Weg in einem Garten und hörte, wie ein kleiner Junge sagte: »Hier liegt ein toter Mungo. Wir sollten ihn beerdigen.«

»Nein«, meinte seine Mutter. »Wir bringen ihn erst einmal ins Haus und trocknen ihn. Vielleicht lebt er ja noch.«

Sie trugen ihn ins Haus. Dort hob ihn ein großer Mann vorsichtig zwischen Daumen und Zeigefinger hoch und sagte, er sei nicht tot, sondern nur beinahe ertrunken. Also wickelten sie ihn behutsam in Watte und wärmten ihn an einem kleinen Feuer. Da schlug Rikki die roten Augen auf und nieste.

»Seid still«, sagte der große Mann (ein Engländer, der vor Kurzem in den Bungalow eingezogen war), »erschreckt ihn nicht. Mal sehen, was er macht.«

Einen Mungo zu erschrecken, ist so ziemlich das Schwierigste auf der Welt, denn er besteht von der Nasenspitze bis zum Schwanz nur aus Neugier. Das Motto aller Mungos lautet: »Lauf und finde es heraus«. Rikki-Tikki war ein waschechter Mungo. Er besah sich die Watte und entschied, dass sie sich nicht zum Essen eignete. Dann rannte er um den Tisch herum, setzte sich auf und brachte sein Fell in Ordnung, kratzte sich und sprang dann dem Jungen auf die Schulter.

»Hab' keine Angst, Teddy«, sagte der Vater. »Das ist seine Art, Freundschaft zu schließen.«

»Autsch! Er kitzelt mich am Kinn«, sagte Teddy.

Rikki-Tikki inspizierte den Spalt zwischen Hemdkragen und Hals, beschnupperte das Ohr des Jungen, sprang auf den Boden und rieb sich die Nase.

»Meine Güte«, sagte Teddys Mutter, »das soll ein wildes Tier sein? Es ist wohl so zahm, weil wir gut zu ihm waren.«

»Alle Mungos sind so zutraulich«, antwortete ihr Mann. »Solange Teddy ihn nicht am Schwanz zieht oder ihn in einen Käfig sperrt, wird er den ganzen Tag im Haus ein und aus gehen. Wir sollten ihm etwas zu fressen geben.«

Sie gaben ihm ein kleines Stück rohes Fleisch, das Rikki-Tikki anscheinend sehr gut schmeckte. Dann lief er auf die Veranda, setzte sich in die Sonne und schüttelte seinen Pelz, damit er bis zu den Haarwurzeln trocknen konnte. Nun fühlte er sich besser.

»In diesem Haus gibt es mehr Dinge zu entdecken als meine ganze Familie zusammen je gesehen hat«, sagte er zu sich selbst. »Ich werde hier bleiben und alles untersuchen.«

Den ganzen Tag über erforschte er alle Winkel des Hauses. Er ertrank fast in der Badewanne, steckte seine rosa Nase in das Tintenfass auf dem Schreibtisch und verbrannte sie sich an der Glutspitze der Zigarre des großen Mannes, auf dessen Schoß er gesprungen war, um ihm beim Schreiben zuzusehen. Am Abend rannte er in Teddys Kinderzimmer und beobachtete, wie die Petroleumlampen angezündet wurden, und als Teddy in sein Bett stieg, folgte Rikki-Tikki ihm. Aber er war ein rastloser Gefährte, denn in der Nacht erwachte er schon beim kleinsten Geräusch und musste unbedingt herausfinden, woher es kam. Als Teddys Mutter und Vater spät ins Kinderzimmer kamen, um nach ihrem Jungen zu sehen, lag Rikki-Tikki wach neben dem Kind auf dem Kissen.

»Nein, das gefällt mir gar nicht«, sagte die Mutter. »Vielleicht beißt er Teddy.«

»Das wird er nicht tun«, erklärte der Vater. »Dieser kleine Kerl passt besser auf Teddy auf als ein Bluthund. Wenn jetzt eine Schlange ins Kinderzimmer ... «

Aber Teddys Mutter wollte an etwas so Schreckliches gar nicht denken. Am nächsten Morgen kam Rikki-Tikki auf Teddys Schultern mit zum Frühstück auf die Veranda. Er bekam Banane und etwas gekochtes Ei und sprang fröhlich von einem Schoß zum nächsten, denn jeder gut erzogene Mungo hofft, eines Tages ein Hausmungo zu werden und viele Zimmer zu haben, in denen er herumlaufen kann. Rikki-Tikkis Mutter (sie hatte im Haus der Familie des Generals von Sugauli gelebt) hatte ihm genau erklärt, was er zu tun habe, wenn er einmal auf weiße Menschen träfe.

Nach dem Frühstück lief Rikki-Tikki in den Garten, um sich dort umzusehen. Er war nur zur Hälfte kultiviert und weitläufig mit Büschen, so groß wie Sommerhäuser, Orangen- und Zitronenbäumen, Bambusgestrüppen und dichtem hohem Gras bewachsen. Rikki-Tikki leckte sich die Lippen. »Ein prächtiger Ort für die Jagd«, sagte er, und bei dem Gedanken sträubte sich sein Schwanzfell wie eine Flaschenbürste. Dann rannte er im Garten auf und ab, schnüffelte da und dort, bis er plötzlich im Dornbusch klagende Stimmen vernahm.

Es waren Darsie, der Webervogel, und seine Frau. Sie hatten ein wunderschönes Nest gebaut aus zwei großen, kunstvoll an den Kanten mit Fasern vernähten Blättern. Innen hatten sie es mit Watte und weichem Flaum ausgepolstert. Das Nest wippte, als die beiden an seinem Rand saßen und weinten.

»Was habt ihr denn?«, fragte Rikki-Tikki. »Wir sind sehr unglücklich«, sagte Darsie. »Eines unserer Jungen ist gestern aus dem Nest gefallen, und Nag hat es gefressen.«

»Hm«, sagte Rikki-Tikki, »das ist sehr traurig – aber ich bin hier fremd. Wer ist Nag?« Da duckten sich Darsie und seine Frau ohne zu antworten tief ins Nest, denn aus dem dichten Gras unter dem Dornbusch ertönte ein Zischen – ein scharfes, furchterregendes Geräusch, das Rikki-Tikki vor Schreck zwei Fuß zurückspringen ließ. Und dann, Zoll für Zoll, schob sich mit gespreiztem Schild Nags Kopf aus dem Gebüsch, bis der ganze fünf Fuß lange Körper der großen schwarzen Kobra zu sehen war. Als er etwa ein Drittel seines Körpers aufgerichtet hatte, wiegte Nag sich hin und her wie der Löwenzahn im Wind und starrte Rikki-Tikki mit dem bösen, kalten Schlangenblick an, der nie verrät, was die Schlange wohl gerade denken mag.

»Wer Nag ist?«, zischte die Kobra. »Ich bin Nag. Der große gnädige Brahma drückte allen Mitgliedern unseres Volkes sein Zeichen auf, weil die erste aller Kobras mit ihrem Schild den schlafenden Gott vor der brennenden Sonne schützte. Sieh her und fürchte dich!« Er spreizte den Schild noch weiter, und Rikki-Tikki sah auf der Rückseite das brillenförmige Zeichen, das an einen Haken-und-Öse-Verschluss erinnerte. Für einen Augenblick fürchtete sich Rikki tatsächlich, aber länger kann sich ein Mungo einfach nicht fürchten. Obwohl Rikki-Tikki nie zuvor eine lebende Kobra gesehen hatte – seine Mutter hatte ihn mit dem Fleisch toter Kobras gefüttert –, wusste er, dass es die Aufgabe aller ausgewachsenen Mungos war, Schlangen zu bekämpfen und zu fressen. Auch Nag wusste das, und im tiefsten Inneren seines kalten Herzens hatte er Angst. »Na gut«, sagte Rikki-Tikki, dessen Schwanzhaare sich schon wieder aufrichteten, »Zeichen hin oder her, aber findest du es richtig, aus dem Nest gefallene Jungvögel zu fressen?«

Nag überlegte und beobachtete das Gras hinter Rikki-Tikki, um nicht die geringste Bewegung zu verpassen. Er wusste, dass Mungos im Garten früher oder später den Tod für ihn und seine Familie bedeuten würden, und so versuchte er, Rikki-Tikki abzulenken. Er senkte den Kopf ein wenig und neigte ihn zur Seite.

»Lass uns miteinander reden«, sagte er. »Du frisst Eier. Warum soll ich keine Vögel fressen?«

»Hinter dir! Sieh dich um!«, piepste Darsie. Rikki-Tikki verschwendete keine Zeit damit, sich umzusehen. Er sprang, so hoch er konnte, in die Luft. Im selben Moment schoss zischend der Kopf Nagainas, Nags boshafter Gemahlin, unter ihm hindurch. Sie war, während er geredet hatte, hinter Rikki-Tikki herangekrochen, um ihn zu erledigen. Als das misslang, zischte sie wütend. Rikki landete auf Nagainas Rücken und wäre er nur ein wenig älter gewesen, hätte er gewusst, dass das die Gelegenheit ist, der Schlange mit einem Biss das Rückgrat zu brechen. Die Angst vor dem wild ausschlagenden Schwanz der Kobra jedoch hielt ihn zurück. Er biss zwar zu, aber nicht tief genug, um Nagaina zu töten. Dann sprang er zur Seite, um dem Schwanz auszuweichen, und ließ Nagaina verletzt und zornig liegen.

»Das war gemein, gemein von dir, Darsie!«, zischte Nag und reckte sich, so hoch er konnte, zum Nest im Dornenbusch empor.

Doch Darsie hatte es so hoch gebaut, dass es außer Reichweite der Schlange lag und nur ein wenig ins Schwanken geriet.

Rikki-Tikkis Augen liefen rot an (das passiert immer, wenn Mungos sich ärgern). Er setzte sich auf die Hinterfüße und den Schwanz wie ein kleines Känguru, behielt seine Umgebung fest im Blick und schimpfte vor Wut. Nag und Nagaina waren jedoch im Gras verschwunden. Wenn einer Schlange ein Angriff misslingt, wird sie kein Wort darüber verlieren und auch niemals andeuten, was sie als Nächstes zu tun beabsichtigt. Rikki-Tikki hatte keine Lust, den Flüchtenden zu folgen, denn er war sich nicht sicher, ob er zwei Schlangen auf einmal gewachsen sein würde. Er trabte davon und setzte sich auf den Kiesweg vor dem Haus, um nachzudenken. Es war eine ernste Angelegenheit für ihn.

In alten Naturkundebüchern kann man lesen, dass Mungos, die im Kampf von einer Schlange gebissen wurden, davonlaufen und ein besonderes Kraut fressen, das sie sofort kuriert. Aber das stimmt nicht. Ein Sieg im Kampf beruht einzig und allein auf der Schnelligkeit von Auge und Fuß – der Stoß der Kobra gegen den Sprung des Mungos –, und diese Leistung ist viel wundersamer als irgendein Zauberkraut, denn das menschliche Auge könnte der schnellen Kopfbewegung einer zustoßenden Kobra noch nicht einmal folgen. Rikki-Tikki wusste, dass er noch unerfahren war. Umso stolzer machte es ihn, dem Angriff von hinten ausgewichen zu sein. Das gab ihm Selbstvertrauen, und als Teddy ihm auf dem Weg entgegenkam, ließ sich Rikki-Tikki bereitwillig von ihm streicheln.

OSCAR WILDE

Die Nachtigall und die Rose

Aus dem Englischen übersetzt von *Hannelore Neves*

»Sie sagte, sie würde mit mir tanzen, wenn ich ihr rote Rosen brächte«, rief der junge Student, »aber in meinem ganzen Garten gibt es keine rote Rose.«

In ihrem Nest in der Steineiche hörte ihn die Nachtigall, und sie spähte durch das Laub und wunderte sich.

»Keine einzige Rose in meinem ganzen Garten«, rief er, und seine schönen Augen füllten sich mit Tränen. »Ach, an was für kleinen Dingen hängt das Glück! Ich habe alles gelesen, was weise Männer schrieben, ich bin im Besitz aller Geheimnisse der Philosophie, und doch wird mangels einer roten Rose mein Leben dem Unglück verfallen.«

»Hier endlich ist ein wahrhaft Liebender«, sagte die Nachtigall. »Nacht für Nacht habe ich von ihm gesungen, obwohl ich ihn nicht kannte; Nacht für Nacht habe ich seine Geschichte den Sternen erzählt, und nun sehe ich ihn. Sein Haar ist dunkel wie die Hyazinthenblüte, und seine Lippen sind rot wie die Rose seiner Sehnsucht; aber die Leidenschaft hat sein Gesicht zu Elfenbein gebleicht, und der Gram hat ihm sein Siegel auf die Stirn gedrückt.«

»Morgen abend gibt der Prinz einen Ball«, murmelte der junge Student, »und meine Liebste wird mit von der Gesellschaft sein. Wenn ich ihr eine rote Rose bringe, will sie bis zum Morgen mit mir tanzen. Wenn ich ihr eine rote Rose bringe, werde ich sie in meinen Armen halten, und sie wird ihren Kopf an meine Schulter lehnen, und ihre Hand wird in meiner liegen. Aber in meinem Garten gibt es keine rote Rose, so werde ich einsam sitzen, und sie wird an mir vorübergehen. Sie wird mir keine Beachtung schenken, und mir wird das Herz brechen.«

»In der Tat, hier ist ein wahrhaft Liebender«, sagte die Nachtigall. „Wovon ich singe, daran leidet er; was mir Freude bereitet, das ist ihm Schmerz. Liebe ist gewiß etwas Wunderbares. Sie ist kostbarer als Smaragd, teurer als reiner Opal. Perlen und Granatäpfel können sie nicht kaufen, noch wird sie auf dem Markt feilgeboten. Sie kann nicht von Kaufleuten gehandelt, noch wie Gold auf der Waage gewogen werden.«

»Die Musikanten werden in ihrer Galerie sitzen«, sagte der junge Student, »und auf ihren Streichinstrumenten spielen, und meine Liebste wird tanzen zum Klang der Harfen und Violinen. Sie wird so leicht tanzen, daß ihre Füße den Boden nicht berühren, und die Höflinge in ihren bunten Kleidern werden sich um sie drängen. Aber mit mir wird sie nicht tanzen, denn ich habe keine rote Rose für sie«, und er warf sich nieder ins Gras, vergrub sein Gesicht in den Händen und weinte.

»Warum weint er?«, fragte eine kleine grüne Eidechse, während sie eilig mit dem Schwänzchen in der Luft an ihm vorbeischlüpfte.

»Ja, warum?«, fragte ein Schmetterling, der hinter einem Sonnenstrahl herflatterte.

»Ja, warum?«, flüsterte ein Gänseblümchen mit sanfter, schwacher Stimme seiner Nachbarin zu.

»Er weint wegen einer roten Rose«, sagte die Nachtigall.

»Wegen einer roten Rose?«, riefen sie. »Ist das aber komisch!« Und die kleine Eidechse, die so etwas wie ein Zyniker war, lachte lauthals.

Aber die Nachtigall verstand das Geheimnis von des Studenten Kummer; still saß sie in der Eiche und sann über das Mysterium der Liebe nach.

Plötzlich breitete sie ihre braunen Flügel zum Flug aus und schwang sich in die Luft. Sie flog durch den Hain wie ein Schatten, und wie ein Schatten segelte sie über den Garten.

Da stand mitten auf dem Rasen ein wunderschöner Rosenstrauch, und als sie ihn sah, flog sie hinüber zu ihm und landete im Gezweig.

»Gib mir eine rote Rose«, rief sie, »und ich will dir mein süßestes Lied singen.«

Aber der Rosenstrauch schüttelte den Kopf.

»Meine Rosen sind weiß«, antwortete er, »so weiß wie der Schaum der See und weißer als der Schnee auf den Bergen. Aber geh zu meinem Bruder, der rund um die alte Sonnenuhr wächst, vielleicht gibt er dir, was du wünschest.«

So flog die Nachtigall hinüber zu dem Rosenstrauch, der rund um die alte Sonnenuhr wuchs.

»Gib mir eine rote Rose«, rief sie, »und ich will dir mein süßestes Lied singen.«

Aber der Rosenstrauch schüttelte den Kopf.

»Meine Rosen sind gelb«, antwortete er, »so gelb wie das Haar der Meerjungfer, die auf einem Thron aus Bernstein sitzt, und gelber als die Narzisse, die auf der Wiese blüht, bevor der Mäher kommt mit seiner Sense. Aber geh zu meinem Bruder, der unter des Studenten Fenster wächst, vielleicht gibt er dir, was du wünschest.«

Also flog die Nachtigall hinüber zu dem Rosenstrauch, der unter des Studenten Fenster wuchs.

»Gib mir eine rote Rose«, rief sie, »und ich will dir mein süßestes Lied singen.«

Aber der Rosenstrauch schüttelte den Kopf.

»Meine Rosen sind rot«, antwortete er, »so rot wie die Füße der Taube und röter als die großen Korallenfächer, die in den Meeresgrotten hin und wider wogen. Aber der Winter hat meine Adern erstarren lassen, der Frost hat meine Knospen erstickt und der Sturm meine Zweige gebrochen, und ich werde in diesem ganzen Jahr keine Rosen tragen.«

»Eine rote Rose ist alles, was ich will«, rief die Nachtigall, »nur eine einzige rote Rose! Gibt es keinen Weg, sie zu erlangen?«

»Es gibt einen Weg«, sagte der Rosenstock, »aber er ist so fürchterlich, daß ich nicht wage, ihn dir zu nennen.«

»Nenne ihn mir«, erwiderte die Nachtigall, »ich fürchte mich nicht.«

»Wenn du eine rote Rose willst«, sagte der Rosenstrauch, »so mußt du sie im Mondlicht weben aus Gesang und sie mit deinem eigenen Herzblut färben. Deine Brust gegen einen Dorn gedrückt, mußt du für mich singen. Die ganze Nacht lang mußt du für mich singen, und der Dorn muß dein Herz durchbohren, und dein Lebensblut muß in meine Adern fließen und zu dem meinen werden.«

»Der Tod ist ein hoher Preis für eine rote Rose«, rief die Nachtigall, »und das Leben ist uns allen sehr teuer. Lieblich ist es, im grünen Wald zu sitzen und die Sonne in ihrem goldenen Wagen zu betrachten und den Mond in seinem Wagen aus Perlen. Süß ist der Duft des Weißdorns, süß sind die blauen Glockenblumen, die sich im Tal verbergen, und das Heidekraut, das auf den Hügeln blüht. Und doch ist die Liebe besser als das Leben, und was ist das Herz eines Vogels gegen ein Menschenherz?«

So breitete sie ihre braunen Flügel zum Flug aus und schwang sich in die Luft. Wie ein Schatten streifte sie über den Garten, und wie ein Schatten segelte sie durch den Hain.

Der junge Student lag noch immer im Gras, wie sie ihn verlassen hatte, und die Tränen in seinen schönen Augen waren noch nicht getrocknet.

»Freue dich«, rief die Nachtigall, »freue dich; du sollst deine rote Rose haben. Aus Gesang will ich sie im Mondlicht weben und sie mit meinem eigenen Herzblut färben. Alles, was ich von dir zum Dank dafür verlange, ist, daß du deiner Liebe treu bleiben sollst, denn Liebe ist besser als Weisheit, auch wenn diese weise ist, und besser als Macht, auch wenn diese mächtig ist. Flammenfarben sind ihre Schwingen, und von der Farbe des

Feuers ist ihr Leib. Ihre Lippen sind süß wie Honig, und ihr Atem ist wie Weihrauch.«

Der Student blickte aus dem Gras auf und lauschte, aber er konnte nicht verstehen, was die Nachtigall zu ihm sagte, denn er verstand nur Dinge, die in Büchern stehen.

Aber der Eichbaum verstand sie und war traurig, denn er liebte die Nachtigall, die ihr Nest in seinen Zweigen gebaut hatte.

»Sing mir ein letztes Lied«, flüsterte er. »Ich werde einsam sein, wenn du fort bist.«

Da sang die Nachtigall für den Eichbaum, und ihre Stimme war wie Wasser, das aus einem silbernen Krug sprudelt.

Als sie ihr Lied beendet hatte, stand der Student auf und zog Notizbuch und Bleistift aus seiner Tasche.

»Sie hat Form«, sagte er zu sich selber, während er sich durch den Hain entfernte, »das kann man ihr nicht absprechen; aber hat sie auch Gefühl? Ich fürchte nicht. Sie ist eben wie die meisten Künstler: ganz Stil, ohne jede echte Empfindung. Sie würde sich nicht für andere opfern. Sie hat nur Musik im Kopf, und man weiß ja, daß die Künste selbstsüchtig sind. Immerhin, man muß zugeben, daß sie einige herrliche Töne in ihrer Stimme hat. Wie schade, daß sie nichts bedeuten, noch irgend etwas wirklich Gutes tun!« Und er ging in seine Kammer und legte sich auf das schmale Feldbett und begann, an seine Liebste zu denken; und nach einer Weile fiel er in Schlaf.

Und als der Mond an den Himmeln erglänzte, da flog die Nachtigall zum Rosenstrauch und drückte ihre Brust gegen den Dorn. Die ganze Nacht sang sie, die Brust gegen den Dorn gepreßt, und der kalte, kristallene Mond neigte sich herab und lauschte. Die ganze Nacht sang sie, und der Dorn drang tiefer und tiefer in ihre Brust, und das Lebensblut ebbte hinweg von ihr.

Zuerst sang sie von der Geburt der Liebe im Herzen eines Jünglings und eines Mädchens. Und auf dem höchsten Zweig des Rosenstocks erblühte eine wunderbare Rose, Blütenblatt um Blütenblatt, wie Lied auf Lied folgte. Bleich war sie zuerst wie der Nebel, der über dem Fluß hängt, bleich wie die Füße des Morgens und silbrig wie die Schwingen der Morgenröte. Wie das Schattenbild einer Rose in einem Spiegel aus Silber, wie das Schattenbild einer Rose im Teich, so war die Rose, die auf dem höchsten Zweig des Rosenstocks erblühte.

Aber der Rosenstock rief der Nachtigall zu, fester gegen den Dorn zu drücken. »Drück fester, kleine Nachtigall«, rief der Rosenstock, »sonst kommt der Tag, noch ehe die Rose vollendet ist.«

Da drückte die Nachtigall fester gegen den Dorn, voller und voller ertönte ihr Lied, denn sie sang vom Erwachen der Leidenschaft in der Seele eines Mannes und einer Jungfrau.

Und ein zarter Anhauch von Rosa kam in die Blätter der Rose, wie das Erröten ins Gesicht des Bräutigams, wenn er die Lippen der Braut küßt. Aber der Dorn hatte ihr Herz noch nicht erreicht, so blieb das Herz der Rose noch weiß, denn nur das Herzblut einer Nachtigall kann das Herz einer Rose färben.

Und der Rosenstrauch rief der Nachtigall zu, fester gegen den Dorn zu drücken. »Drück fester, kleine Nachtigall«, rief der Rosenstock, »sonst kommt der Tag, noch ehe die Rose vollendet ist.«

So drückte die Nachtigall fester gegen den Dorn, und der Dorn berührte ihr Herz, und ein jäher, wilder Schmerz durchfuhr sie. Bitter, bitter war der Schmerz, stürmisch und stürmischer ertönte ihr Lied, denn sie sang von der Liebe, die im Tod sich erfüllt, von der Liebe, die auch im Grabe nicht stirbt.

Und die herrliche Rose wurde blutrot wie die Rose des östlichen Himmels. Blutrot war der Gürtel der Blütenblätter, und blutrot wie ein Rubin war das Herz.

Aber die Stimme der Nachtigall wurde schwächer, und ihre kleinen Flügel begannen zu flattern, und ein Schleier legte sich vor ihre Augen. Matt und matter wurde ihr Lied, und in ihrer Kehle fühlte sie ein Ersticken.

Da brach zum letztenmal ein Lied aus ihr hervor. Der weiße Mond vernahm es, und er vergaß die Morgendämmerung und verweilte noch am Himmel. Die rote Rose vernahm es, und sie erzitterte über und über in Verzückung und öffnete ihren Kelch der kühlen Morgenluft. Das Echo trug es zu seiner purpurnen Höhle in den Bergen und weckte die schlafenden Hirten aus ihren Träumen. Es schwebte über dem Schilf am Fluß, und er trug die Botschaft dem Meer zu.

»Siehe! Siehe«, rief der Rosenstrauch, »nun ist die Rose vollendet!« Doch die Nachtigall gab keine Antwort, denn sie lag tot im hohen Gras, den Dorn in ihrem Herzen.

Und zu Mittag öffnete der Student sein Fenster und blickte hinaus.

»Nein, was für ein unglaubliches Glück!« rief er. »Hier ist eine rote Rose! In meinem ganzen Leben habe ich keine solche Rose gesehen. Sie ist so schön, daß sie sicher einen langen lateinischen Namen hat«, und er beugte sich hinaus und pflückte sie.

Dann setzte er seinen Hut auf und lief mit der Rose in der Hand hinauf zum Haus des Professors.

Die Tochter des Professors saß in der Tür und wand blaue Seide auf eine Spule, und ihr kleiner Hund lag zu ihren Füßen.

»Du sagtest, du würdest mit mir tanzen, wenn ich dir eine rote Rose brächte«, rief der Student. »Hier ist die röteste Rose auf der ganzen Welt. Du wirst sie heute nacht an deinem Herzen tragen, und wenn wir miteinander tanzen, werde ich dir sagen, wie sehr ich dich liebe.«

Aber das Mädchen verzog das Gesicht.

»Leider paßt sie nicht zu meinem Kleid«, antwortete sie. »Und außerdem hat mir des Kammerherrn Neffe echte Juwelen geschickt, und jedermann weiß, daß Juwelen viel mehr kosten als Blumen.«

»Nun, auf mein Wort, du bist sehr undankbar«, rief der Student zornig und warf die Rose auf die Straße. Sie fiel in den Rinnstein, und ein Wagenrad fuhr darüber hinweg.

»Undankbar!« sagte das Mädchen. »Und ich will dir etwas sagen: Du bist unverschämt. Wer bist du denn überhaupt? Nur ein Student. Wahrscheinlich hast du nicht einmal silberne Schnallen für deine Schuhe wie des Kammerherrn Neffe!« Und sie erhob sich von ihrem Stuhl und ging ins Haus.

»Wie töricht ist doch die Liebe!«, sagte der Student beim Fortgehen. »Sie ist nicht halb so nützlich wie die Logik, denn sie beweist nichts, und sie schwatzt einem immer von Dingen, die nicht eintreffen, und sie macht einen Dinge glauben, die nicht wahr sind. Sie ist in der Tat gänzlich unpraktisch, und da in unserer Zeit Praktischsein alles ist, werde ich zur Philosophie zurückkehren und Metaphysik studieren.«

Also ging er heim in sein Zimmer, zog ein großes, staubiges Buch hervor und begann zu lesen.

RAFIK SCHAMI

Das ist kein Papagei

Eines Abends sagte ein Mann zu seiner Frau: »Wir haben alles, doch etwas fehlt uns noch.« Die Frau nickte. »Du hast recht, wir haben kein Haustier.«

»O ja, wir ... « Lina, ihre Tochter, wollte auch etwas sagen, doch dazu kam sie nicht.

»Genau, ein Haustier brauchen wir«, sagte der Mann, »einen Hund. Mit einem Hund kann man spazieren gehen, und wenn man ihm ›Sitz!‹ sagt, dann sitzt er, und überhaupt: Alle meine Freunde haben einen Hund.«

»Nein«, widersprach die Frau, »ein Hund stinkt aus dem Maul und beißt womöglich. Katzen sind anschmiegsam, sauber und sie schnurren so gemütlich.«

»Aber ich ... «, sagte Lina, mehr nicht, weil keiner ihr zuhörte.

»Nein«, sagte der Vater, »Katzen gehen nicht bei Fuß und überhaupt machen sie nie, was man will. Eine Katze kommt nicht infrage.«

Und da die beiden sich nicht einigen konnten, aber unbedingt ein Haustier haben wollten, gingen sie am nächsten Tag zur Zoohandlung. Sie schauten sich alle möglichen Tiere an, konnten sich aber für keines entscheiden, und schließlich empfahl der Zoohändler einen Papagei. »Papageien sind die klügsten Vögel von allen. Sie können sogar Häuser bewachen, Diebe in Schach halten und fehlerfrei ganze Sätze sprechen«, erklärte er so stolz, als redete er über seinen eigenen Sohn.

Das überzeugte den Mann und die Frau, sie nahmen den Vogel und noch auf dem Nachhauseweg kauften sie ein Buch, das hieß: »So spricht Ihr Papagei einwandfrei.«

Lina sah das neue Haustier erst, als sie aus dem Kindergarten kam, und sie war überglücklich, denn nichts anderes als einen Papagei hatte sie sich gewünscht.

Sie saß lange vor dem Käfig und bewunderte den schönen Vogel, und der beobachtete sie, auch wenn er die ganze Zeit im Käfig herumkletterte und so tat, als wäre er beschäftigt. Als Lina nachmittags mit ihrer Freundin zum Spielen ging und der Vater mit seinen Freunden zum Radfahren, begann die Mutter mit dem Unterricht: »Sag: ›Guten Morgen, ich bin ein schöner Papagei! Danke, meine Liebe, bitte, bitte!‹«

Doch der Papagei schaute nur stumm.

Eine Stunde lang wiederholte die Mutter: »Danke, danke, bitte, bitte«, dann war sie heiser und schaltete den Fernseher ein.

Der Papagei war längst eingeschlafen.

Zur selben Zeit staunten die Freunde des Vaters nicht schlecht, als er ihnen von dem Papagei erzählte, denn ein sprechendes Haustier hat schließlich nicht jeder.

Doch als der Vater nach Hause kam, hatte die Mutter keine guten Nachrichten für ihn: »Dieser Papagei taugt überhaupt nichts. Er will nicht sprechen, und statt es zu lernen, schläft er ein.«

»Wahrscheinlich hast du es nur falsch angefangen«, sagte der Vater. »Gleich morgen früh kümmere ich mich um die Angelegenheit.«

Der nächste Tag war ein Samstag und gleich nach dem Frühstück setzte sich der Vater vor den Käfig. Er blickte streng und begann: »So, mein lieber Papagei, du bist jetzt schön artig. Wir wollen sprechen lernen. Sprich mir nach: ›Ich bin ein glücklicher Papagei!‹« Und er wiederholte die Worte langsam und deutlich: »ICH ... BIN ... EIN ... GLÜCKLICHER ... PAPAGEI!«

Der Vogel schaute zu Lina, die auf dem Sofa saß, und flatterte kurz mit den Flügeln. Dann schüttelte er den Kopf und schloss die Augen.

»Was habe ich gesagt?«, sagte die Mutter.

Der Vater beschloss, den Unterricht im Arbeitszimmer fortzusetzen. Von dort hörte man für den Rest des Morgens seine Stimme: »Ich bin ein glücklicher Papagei! ... He, jetzt wird nicht geschlafen. Jetzt wird gelernt! ... ›ICH ... BIN ... EIN ... GLÜCK-LICHER ... PAPAGEI!‹ Sag's, sonst dreh ich dir die Gurgel um!«

Mit der Zeit wurde die Stimme des Vaters immer leiser und die Sätze, die der Vogel sagen sollte, wurden immer kürzer.

»Sag: ›Jako ... Jako ... Jako ... danke ... danke ... ja, bitte, ja‹«, flüsterte der Vater und bald nur noch: »Piep ... piep ... piep ... dadada ... « Dann wurde es endgültig still. Als der Vater zum Mittagessen kam, sah er aus, als hätte er Steine geschleppt.

»Hättest du auf mich gehört, hätten wir jetzt einen Hund, und kein Mensch würde von uns verlangen, dass er spricht. Ich bin schon ganz heiser von diesem blöden Papagei.«

»Das ist kein Papagei«, sagte Lina.

Aber die Eltern hörten es nicht, denn sie stritten sich gerade, ob Katzen oder Hunde die besseren Haustiere seien.

Am Sonntag beschlossen die Mutter und der Vater, den Papagei gleich am nächsten Tag in die Zoohandlung zurückzubringen.

Diesmal durfte Lina mit. Sie saß hinten im Auto, hielt den Käfig auf dem Schoß und schaute den Vogel traurig an.

»Aber das ist kein Papagei«, sagte sie immer wieder.

Doch die Eltern hörten sie nicht. Vielleicht sprach sie zu leise. Oder die Eltern sprachen zu laut.

»Sie behaupten, dieser Papagei sei klug und könne ganze Sätze sprechen«, beschwerte sich der Vater beim Zoohändler, »dabei macht er nicht einmal piep.« »Er ist stumm und dumm und schläft, kaum dass man mit ihm üben will«, sagte die Mutter. Die Miene des Zoohändlers verdüsterte sich. »Vielleicht ist er einfach noch zu jung, jedenfalls möchten wir doch lieber ... « Aber bevor der Vater erklären konnte, dass sie den Papagei gegen einen Dackel und eventuell eine Siamkatze umtauschen wollten, rief der Zoohändler: »Jung? Er ist fünfundsiebzig Jahre alt!« Die Mutter und der Vater sahen einander an. »Was, fünfundsiebzig Jahre?«

»Schon so alt?«

»Aber nicht doch«, sagte der Zoohändler. »Das ist für Papageien das beste Alter. Sie werden über hundertfünfzig Jahre alt und Ihrer ist sozusagen in den besten Jahren. Genau wie Sie«, setzte er raffiniert hinzu.

Der Vater lächelte geschmeichelt.

»Trotzdem«, sagte die Mutter ungerührt. »Er spricht nicht, dieser Papagei.«

»Das ist kein Papagei!«, sagte Lina und für einen Augenblick schauten sie die Eltern verwundert an. Doch schon wandten sie sich wieder dem Händler zu.

»Geduld, Geduld«, sagte er. »Wir haben auch nicht alles an einem Tag gelernt.« Dann drehte er sich zu einem Jungen um, der ein Meerschweinchen kaufen wollte.

»Gut«, sagte die Mutter entschlossen, »versuchen wir's mit Geduld. Schließlich haben wir einen Papagei und nicht irgendeinen Vogel.« Das fand der Vater auch.

»Und doch ist es kein Papagei«, sagte Lina als sie zu Hause waren.

»Natürlich ist es einer«, antwortete die Mutter. »Wir müssen nur Geduld mit ihm haben.«

»Das ist kein Papagei«, wiederholte Lina bestimmt.

»Wenn es kein Papagei ist, was dann?«, sagte der Vater. »Ein Pinguin vielleicht?«

»Nein, ein Mamagei!«

»Stimmt!«, sagte der Vogel.

»Er spricht, der Papagei spricht!«, staunte der Vater.

»Es ist kein Papagei«, verbesserte ihn die Mutter schnell, denn sie sah, dass der Vogel beleidigt die Augen schließen wollte.

»Gut, gut, meinetwegen Mamagei. Sag: ›Ich bin Jako, geht's dir gut?‹«

»Warum sollte ich das sagen?«, fragte die Mamagei. »Ich heiße nicht Jako und sage viel lieber: Mozart ist gut.«

»Mamageien wiederholen nie, was andere ihnen vorsagen«, erklärte Lina.

»Stimmt«, sagte die Mamagei. »Das tun nur Papageien. – Und jetzt wäre mir nach leckeren Nüssen.«

Es stellte sich heraus, dass die Mamagei sehr zutraulich war. Und überaus gesprächig. Beim Abendessen erzählte sie Geschichten und Abenteuer aus ihrem Leben. Sie war wirklich fünfundsiebzig Jahre alt und weit in der Welt herumgekommen.

Sie sprach dreizehn Sprachen fließend und behauptete, sie könne weitere zwanzig verstehen.

Der Vater und die Mutter lächelten ungläubig, aber im Laufe des Abends sollten sie sich noch mehr wundern. Als die Mutter sagte, jetzt sei Schlafenszeit, pfiff die Mamagei die Kleine Nachtmusik. Und Lina durfte noch solange aufbleiben.

Spät in der Nacht erwachten die Mutter und der Vater von lautem Gesang. Es war arabischer Gesang und dazu erklangen Trommeln, Flöten und Tamburine.

»Bestimmt wieder die Abdulkarims aus dem vierten Stock«, sagte der Vater. »Nein«, entgegnete die Mutter. »Das kommt aus dem Kinderzimmer.«

Und auf Zehenspitzen gingen sie, um nachzusehen. Doch als sie die Tür zum Korridor öffneten, wurde es schlagartig still. Sie schauten trotzdem nach Lina und der Mamagei: Die beiden schliefen friedlich im Licht des Mondes, das sanft durchs Fenster fiel. Immer noch auf Zehenspitzen gingen der Vater und die Mutter in ihr Bett zurück. Sie konnten nicht hören, wie Lina und die Mamagei leise lachten.

ISABEL BOGDAN

Der Pfau

In einem Anfall von Übermut hatte Lord McIntosh eines Tages fünf Pfauen erworben, drei Weibchen und zwei Männchen; er stellte es sich hübsch vor, wenn die Männchen auf der riesigen Rasenfläche vor dem Wohnhaus umherstolzierten und Räder schlugen. Die weniger hübschen Weibchen sollten sich dezent im Hintergrund halten und den Männchen unauffällig überhaupt erst einen Grund liefern, miteinander zu wetteifern und Räder zu schlagen. So hatte Lord McIntosh sich das vorgestellt. Lord McIntosh mochte Tiere im Allgemeinen sehr gern, verstand aber nicht sonderlich viel von ihnen. Er hatte nicht damit gerechnet, dass die Pfauen ihren Bewegungsradius ausweiten und meist gar nicht zu sehen sein würden. Er hatte auch nicht damit gerechnet, dass man sie umso besser hörte, ihre Schreie hallten weit durchs Tal, es klang ein bisschen nach Urwald. Aber daran gewöhnten die McIntoshs sich, die Pfauen waren weitgehend sich selbst überlassen und gingen ihrer Wege. Und Räder schlugen sie auch nur zur Balzzeit im Frühjahr, danach warfen sie die langen Schwanzfedern ab. Sie wuchsen erst im nächsten Frühjahr wieder, was Lady McIntosh jedes Jahr aufs Neue beeindruckte. Die Natur war doch voller Wunder. Einmal im Jahr brüteten die Pfauen irgendwo im Wald und bekamen Junge, von denen die meisten nicht überlebten. Pro Jahr schafften es vielleicht ein oder zwei, inzwischen waren es mindestens vier Männchen und sechs Weibchen, aber so genau wusste das niemand. Nur gelegentlich fütterte der Lord die Tiere, vor allem im Winter, wenn sie nicht viel zu fressen fanden. Manchmal erfror eins irgendwo im Wald, und die McIntoshs wussten nicht recht, warum, denn eigentlich versammelten die Pfauen sich im Winter im Schuppen hinter dem Haus, wo sie gefüttert wurden und es deutlich wärmer hatten. Die Pfauen arrangierten sich mit den beiden Hunden Albert und Victoria, oder umgekehrt: Albert verstand irgendwann, dass die Pfauen sich erstens zur Wehr setzten und zweitens ohnehin nicht als Spielzeug freigegeben waren, und Victoria war zu klein und zu alt, um überhaupt noch auf solche Ideen zu kommen. Auch mit der grantigen alten Gans einigten sie sich irgendwann auf ein paar soziale Gepflogenheiten und Umgangsformen sowie die Verteilung der Futternäpfe, und nach einer Weile kamen alle Tiere miteinander aus und ließen sich im Wesentlichen in Ruhe. Man lebte friedlich nebeneinanderher, und die Feriengäste waren so oder so entzückt.

Bis einer der Pfauen verrückt wurde. Oder schlecht sah. Hinterher ließ sich natürlich nicht mehr feststellen, was es war und wann es angefangen hatte. Als Mr und Mrs Bakshi Ende August ankamen, konnte jedenfalls noch niemand etwas ahnen. Die Bakshis hatten für drei Wochen eines der Cottages gemietet, sie bezogen das ehemalige Waschhaus und fanden es zauberhaft und hinreißend und sagten ziemlich oft, wie gut sie es doch hätten und wie reizend das doch alles sei und was für ein Glück, dass sie hier gelandet seien. In Wahrheit war auch das Cottage nicht gerade luxuriös. Es gab keine Dusche, nur eine unisolierte Badewanne, in der das Wasser immer gleich wieder abkühlte. In der Küche war der Fußboden so schief, dass die Bakshis sich in den ersten Tagen fühlten wie auf einem Schiff, denn der Boden war beim Gehen immer haarscharf nicht dort, wo man ihn erwartete. Aber es dauerte nicht lange, da hatten sie sich daran gewöhnt, dass das Wasser in der Spüle nicht komplett ablief, weil der Abfluss nicht an der tiefsten Stelle lag; auch damit, dass das Öl in der Pfanne sich immer auf einer Seite sammelte, konnte Mrs Bakshi umgehen, sie fand auch das charmant und zauberhaft. Irgendwann fanden sie es sogar praktisch, dass jede Weintraube, die ihnen hinunterfiel, in dieselbe Ecke kullerte.

Mr Bakshi spritzte einmal am Tag mit dem Gartenschlauch die Bodenplatten vor dem Cottage ab, um den Gänsedreck wegzuspülen. Die Gans hielt sich aus unerklärlichen Gründen am liebsten direkt vor ihrer Tür auf, und Mr Bakshi war täglich aufs Neue beeindruckt, wie viel Dreck eine einzige Gans produzieren konnte. Lady Fiona McIntosh war es ein bisschen unangenehm, dass die Gans sich ausgerechnet den Platz vor der Tür des Waschhauses als neuen Lieblingsplatz ausgesucht hatte, aber die Bakshis versicherten ihr, dass es ihnen überhaupt nichts ausmache. Eigentlich, sagte die Lady, sei so eine Gans auch nicht fürs Alleinsein gemacht, das sei nicht gut für sie, aber sie wollten nicht bis in alle Ewigkeit immer neue Gänse anschaffen müssen, nur damit nicht eine allein sei. Vielleicht suchte sie also nur ein bisschen Gesellschaft.

Die Bakshis verbrachten die drei Wochen hauptsächlich mit Nichtstun. Sie gingen viel spazieren, die Einfahrt hinunter, am Pförtnerhäuschen vorbei durchs Village, an einer Weide entlang, auf der überraschenderweise zwei Alpakas standen, über die kleine Fußgängerbrücke über den Fluss, auf der anderen Flussseite wieder zurück bis zur übernächsten Brücke und von dort aus zurück zum Haus. Oder sie gingen hinter dem Haus links hoch, an der verfallenen Kapelle vorbei, die etwas versteckt abseits des Weges unter dichten Bäumen lag, über eine Kuhweide und im großen Bogen bis zur Einfahrt und von dort aus zurück. Unterwegs pflückten sie Brombeeren oder blieben stehen, um die Aussicht auf die hügelige Landschaft und die weiter im Norden liegenden Highlands zu genießen. Sie öffneten Gatter und traten in Kuhfladen, kletterten über Zäune und traten in Schafköttel, sie spülten ihre Schuhe im Bach ab, der durch das Tal rauschte, und wuschen sich darin die Hände. Sie staunten über die schiere Menge von Kaninchen, beobachteten Vögel und einmal sogar einen kapitalen Hirsch. An einem besonders warmen Tag zeigte Lady McIntosh ihnen eine versteckte Stelle unter den Bäumen hinter einer Kuhweide, wo der Bach breiter war und einen natürlichen Pool bildete, in dem sie schwimmen konnten. Es war kalt, aber herrlich, man konnte entspannt gegen den Strom schwimmen und blieb dadurch an Ort und Stelle. Die Bakshis lachten vor Vergnügen, trockneten sich hinterher schnell ab und zogen sich an.

Ansonsten lasen sie und sahen der Gans und den Pfauen beim Stolzieren über die große Rasenfläche zu. Mr Bakshi schlich hartnäckig hinter den Pfauen her und versuchte, sie zu fotografieren, was sich als verblüffend schwierig erwies, und Mrs Bakshi häkelte eine Decke für ihr erstes Enkelkind, das bald kommen sollte.

Sie waren von allem so begeistert, dass sie die McIntoshs an ihrem letzten Abend zum Abschied zu sich ins Waschhaus einluden, wo Mrs Bakshi dem Lord und der Lady ein spektakuläres Geflügelcurry auftischte. Eigentlich gehörte es sich nicht, zahlende Gäste in ihrem Cottage zu besuchen, aber seit dem Tod des alten Lords vor einigen Jahren waren Hamish und Fiona McIntosh da nicht mehr so.

Als Erstes wollte Lord McIntosh an diesem Abend jedoch die Formalitäten erledigen. Das schottische Fremdenverkehrsamt führte eine statistische Erhebung durch, alle Feriengäste sollten einen Fragebogen ausfüllen: wie lange sie in der Gegend blieben, wie oft sie schon dort gewesen waren, wie alt sie waren, in welcher Art Unterkunft sie übernachteten und so weiter. Ein endloser Fragebogen, den Lady Fiona, wie der Lord den Bakshis erzählte, manchmal selbst ausfüllte, statt die Gäste damit zu behelligen. Notfalls denke sie sich halt etwas aus. Der Lord selbst halte von diesem Vorgehen eigentlich nichts, aber seine Frau sei da manchmal kaum zu bremsen und sehr kreativ.

Na, dann geben Sie mal her, sagte Mr Bakshi und nahm ihm den Fragebogen ab. Mrs Bakshi sagte, die Leute würden das sowieso nicht wahrheitsgetreuer ausfüllen, als die Lady es tat, er solle sich da mal keine Gedanken machen. Sie selbst würde in solchen Fällen grundsätzlich das ankreuzen, was sie am lustigsten fand, oder irgendeinen Quatsch reinschreiben. Lady Fiona McIntosh fand das vernünftig. Die Damen verstanden sich.

Mr Bakshi las die Fragen vor und fragte seine Frau, warum sie denn hier gewesen seien, was sie hier gemacht hätten. Sie fragte, was denn zur Auswahl stehe; hier, sagte sie, *wildlife watching*, das klinge doch super, dafür seien sie hier. Neulich abends hätten sie tatsächlich eine Eule gesehen. Ja, sagte der Lord, die sehe man hier öfter. Und dann hier, sagte Mrs Bakshi, *action and adventure*, auch toll, das solle er auch ankreuzen. Tatsächlich, erzählte Mr Bakshi den McIntoshs, hätten sie morgens beides gehabt, reichlich *action and adventure* mit dem *wildlife*, und zwar direkt hier in ihrem Cottage.

An diesem Morgen, erzählten sie, seien sie nämlich sehr früh von einem eigenartigen Geräusch geweckt worden. Mrs Bakshi habe gedacht, es müsse sich um Vögel handeln, die draußen auf der Fensterbank herumtobten und vielleicht, nun ja, kleine Vogelkinder machten und dabei mit den Flügeln gegen die Scheibe schlugen. Sie war aufgestanden, hatte vorsichtig den Vorhang zur Seite geschoben, und tatsächlich sei dort eine Meise gewesen, allerdings nicht draußen, sondern drinnen. Sie sei gegen die Scheibe geflattert, weil sie hinauswollte. Die Bakshis fragten sich, wie die Meise wohl hereingekommen war, über Nacht waren alle Fenster geschlossen gewesen. Weniger aus Angst vor Vögeln als vor Mücken. Der Lord sagte, manchmal würden tatsächlich Vögel durch den Kamin hereinfallen und eine ziemliche Sauerei veranstalten mit dem ganzen Ruß, den sie mitbrächten. Die Meise, sagten die Bakshis, habe allerdings ganz sauber ausgesehen, na ja, jedenfalls sei sie also drin gewesen, in ihrem Schlafzimmer. Mrs Bakshi hatte das Fenster hochgeschoben, und die Meise hatte schnell verstanden, war auf die Fensterbank geflattert und dann hinaus in den Wald.

Mrs Bakshi war wieder ins Bett gegangen und hatte das Fenster offen gelassen, damit ein bisschen frische Luft hereinkam.

Keine besonders aufregende Geschichte, aber eine Stunde später seien sie von demselben Geräusch wieder aufgewacht. Blödes Vieh, hatte Mr Bakshi in sein Kissen geknurrt, hier einfach wieder reinzukommen. Diesmal sei es aber eine Schwalbe gewesen, und sie sei tragischerweise zwischen den beiden Scheiben des hochgeschobenen Fensters eingeklemmt gewesen, sie hätten ziemliche Mühe gehabt, sie da wieder herauszumanövrieren, das Tier sei in Panik geraten und habe sich, wenn sie das Fenster bewegten, nur noch weiter den Flügel eingeklemmt. Mit einem Kochlöffelstiel hätten sie den völlig verstörten Vogel schließlich irgendwie zwischen den Scheiben hochgeschoben, Mr Bakshi habe ihn endlich zu packen bekommen, ihn aufs Fensterbrett gesetzt, und er sei davongeflogen, hinaus an die Luft, er sei zum Glück nicht verletzt gewesen. Es sei doch wirklich eigenartig, dass sich an ein und demselben Morgen gleich zwei Vögel so seltsam verhielten, das täten sie doch sonst nicht, einfach in menschliche Behausungen zu fliegen.

Der Lord erzählte, etwas weiter oben in den Bergen lebe seit einer Weile ein Adlerpaar, und gelegentlich seien die Adler von hier aus zu sehen, meist weit weg, hoch am Himmel. Es könne aber auch schon mal sein, dass sie näher kämen, dann würden die Vögel hier im Tal immer ganz verrückt. Vielleicht sei das ja heute Morgen der Fall gewesen, denn dass erst eine Meise auf mysteriöse Weise ins Haus gelangt und sich dann eine Schwalbe zwischen den Scheiben verklemmt, so sonderbar verhielten sich die Vögel normalerweise nicht. So plätscherte das Gespräch dahin, man unterhielt sich bei Mrs Bakshis köstlichem Geflügelcurry über Vögel. Mr und Mrs Bakshi fanden alles unglaublich interessant und herrlich, so nah an der Natur zu sein, und Hamish und Fiona freuten sich über ihre glücklichen Feriengäste.

Am Ende dieses Abends spielte der Pfau zum ersten Mal verrückt. Mr und Mrs Bakshi begleiteten die McIntoshs zur Tür, öffneten sie, und das Licht aus dem Cottage fiel auf den Wagen der Bakshis. Er war metallicblau lackiert, glänzte im Lichtschein und war, vorsichtig ausgedrückt, nicht gerade ein Luxusgefährt. Man stand noch ein bisschen vor der Tür und tauschte Höflichkeiten aus, als sich plötzlich und wie aus heiterem Himmel einer der Pfauen auf den Wagen stürzte und ihn mit lautem Geschrei und Flügelschlagen attackierte, mit dem Schnabel auf der Motorhaube herumhackte, dass es nur so schepperte, und die McIntoshs ebenso verblüffte und erschreckte wie die Bakshis. Mit einem rasenden Pfau möchte man sich nicht anlegen, und dieser hier war ganz offensichtlich ziemlich wütend. Die Damen flohen ins Cottage, die Herren ließen sich eine Decke herausreichen, wedelten damit vor dem Pfau herum und brüllten ihn an. Das beeindruckte ihn offenbar genügend, und er flatterte davon.

Auf den Schreck tranken die Bakshis und die McIntoshs erst mal einen Whisky. Und dann noch einen. Und dann keinen mehr, denn die Lady war eine Lady. Bevor die McIntoshs gingen, schalteten sie das Licht im Cottage aus, damit der blaue Wagen nicht noch einmal angeleuchtet und der rasende Pfau nicht noch einmal angelockt wurde.

Der Schaden am Auto war, wie sich am nächsten Morgen zeigte, beträchtlich. Der Pfau hatte in der kurzen Zeit ordentlich was angerichtet, die Motorhaube hatte Dellen, an einigen Stellen war der Lack abgeplatzt. Mr Bakshi sagte, das sei nicht so schlimm, seine Werkstatt würde das schon wieder hinkriegen beziehungsweise finde seine Frau ja ohnehin schon seit Jahren, er solle sich endlich einen neuen Wagen kaufen. Aber nun ja, sagte Mr Bakshi, er hänge halt irgendwie an dem alten Ding.

Na also, sagte der Lord, und genau deswegen werde er das schön über seine Versicherung laufen lassen, er wolle selbstverständlich für den Schaden aufkommen, und im Übrigen seien die Bakshis eingeladen, im nächsten Jahr zwei Wochen kostenlos im ehemaligen Waschhaus zu wohnen, wenn sie sich denn nach dieser Attacke noch hierhertrauten. Bis dahin würde der Pfau sich bestimmt wieder beruhigt haben. Wer weiß, vielleicht sei er ja ebenfalls noch vom Besuch des Adlers verstört gewesen? Wieso er deswegen allerdings ein Auto angreifen sollte, sei dem Lord nicht klar, aber wer wisse schon, zu was für Übersprungshandlungen so ein Pfau in der Lage sei.

Und so verabschiedeten die beiden Paare sich unter allerlei Beteuerungen, dass es halb so wild sei und die Versicherung das schon regeln würde und man sich sicher einig werde und Mr Bakshi auf jeden Fall die Rechnung schicken solle und man sich freuen würde, sich im nächsten Jahr wiederzusehen.

JASPER FFORDE

Das Lied des Quarktiers

Aus dem Englischen übersetzt von *Barbara Neeb* und
Katharina Schmidt

So ist der Stand

Ich arbeite in der Zauberindustrie. Ich denke mal, Sie sind
bestimmt auch der Meinung, dass das ein ziemlich toller Job
ist: ein Leben voller Zaubersprüche, magischer Tränke und ge-
flüsterter Beschwörungen; mit Levitation, Alchemie und dem
Verschwindenlassen von Menschen oder Dingen. Mit epischen
Kämpfen um Leben und Tod gegen die Mächte der Finsternis,
wo man Blizzards heraufbeschwört und Meeresstürme nieder-
zwingt. Wo man Blitze von Bergen schleudert oder Statuen zum
Leben erweckt, um lästige Feinde zu besiegen.

Schön wär's.

Nein, heutzutage war Magie ausschließlich *nützlich*. Auf dieselbe Art nützlich wie Autos, Geschirrspüler oder Dosenöffner.
Die Zeiten mit diesem wilden, publikumswirksamen Zeug wie
den Meeren zu befehlen, Elefanten schweben zu lassen oder
Heringe in Taxifahrer zu verwandeln, waren lange vorbei, und
obwohl vor zwei Monaten eine Große Magie[1] eingetreten war,
hatte dies leider nicht zu einer Rückkehr der unbegrenzten Zauberkräfte geführt. Nach einer kurzen Wallung, die seltsame Wol-
kenformationen und nach Holunderblütenlikör schmeckenden
Regen hervorgebracht hatte, waren die Zauberkräfte komplett
auf null gesunken, bevor sie nun wieder, allerdings quälend
langsam, anstiegen. Eine ganze Weile würde niemand mehr den
Meeren befeligen, Elefanten würden schön am Boden bleiben

---

1 Eine Art Wiederaufflammen der Magie etwa zwei Monate vor dieser Geschichte, bei der Jennifer eine wichtige Rolle gespielt hat.

und kein Hering würde einen Kunden versetzen, der zum Flughafen wollte. Es gab keine lästigen Feinde außer dem Finanzamt, und gegen die Mächte der Finsternis mussten wir nur kämpfen, wenn im Königreich wieder mal, wie so oft, der Strom ausfiel.

Während wir bei Kazam also darauf warteten, dass die Zauberkräfte sich wieder stabilisierten, lief der Betrieb wie gehabt weiter, sprich, wir vermieteten Zauberer für banale, ressourcensparende und ziemlich praktische Magie. Sie wissen schon: Installations- und Verkabelungsarbeiten, Tapezieren und der Ausbau von Dachgeschossen. Wir brachten auch falsch geparkte Autos auf die zentralen Fahrzeugverwahrstellen, lieferten Pizza per fliegendem Teppich aus und konnten das Wetter mit 23 Prozent größerer Wahrscheinlichkeit vorhersagen als Daisy Fairchild, das beliebteste Wettergirl von SNODD-TV.

Mein Job ist was anderes. Ich kann nämlich *gar nichts* von alldem. Dafür verplane ich die, die so was können. Mein Job heißt »Zauberkunstmanagement« oder kurz gesagt, ich bin Agentin. Also diejenige, die die Geschäfte aushandelt, die Buchungen vornimmt und die den ganzen Ärger abkriegt, wenn etwas schiefläuft – und nur wenig Anerkennung, wenn alles klappt. Ich arbeite in einer Firma namens Kazam, dem größten Zaubereihaus der Welt. Ehrlich gesagt heißt das nicht viel – es gibt nämlich nur zwei: Kazam und Industrial Magic drüben in Stroud. Wir teilen uns die einzigen acht lizenzierten Zauberer auf dem Planeten. Und wenn Sie jetzt denken, dies sei aber ein ziemlich verantwortungsvoller Job für eine Sechzehnjährige, haben Sie vollkommen recht – ich gebe eigentlich nur vor, die geschäftsführende Managerin zu sein, bis der Große Zambini zurückkommt.

Falls er zurückkommt.

Wie ich schon sagte, lief bei Kazam der Betrieb wie gehabt, und an diesem Morgen waren wir unterwegs, um einen verlorenen Gegenstand wiederzufinden. Aber nicht so ein leichtes

»Ups, ich hab's grad verlegt«-Ding, sondern ein »Auf Nimmer-wiedersehen«-Verloren, was ein wesentlich härterer Brocken ist. Verlorene Dinge zu finden gehörte nicht gerade zu unseren Lieblingsbeschäftigungen, denn im Allgemeinen wollen verlorengegangene Gegenstände nicht gefunden werden, aber wenn die Aufträge ausblieben, machten wir eben so ziemlich alles, was legal war. Und deshalb saßen Perkins, Tiger und ich nun an einem diesigen Herbstvormittag in meinem rostroten VW Käfer auf einem Rastplatz knapp sechs Meilen von unserer Heimatstadt Hereford entfernt, der Hauptstadt des Königreichs Snodd.

»Glaubst du, ein Zauberer weiß überhaupt, wozu eine Uhr da ist?«, fragte ich leicht angesäuert, weil ich unserem Kunden versprochen hatte, wir würden *pünktlich* um halb zehn beginnen, und jetzt war es schon zwanzig nach neun. Ich hatte allen Magiern gesagt, sie sollten um neun Uhr für ein kurzes Briefing hier sein, aber genauso gut hätte ich mit den Blumen reden können.

»Wenn du alle Zeit der Welt hast«, antwortete Tiger und spielte darauf an, dass Zauberer oft eine weit höhere Lebenserwartung haben, »nehme ich an, dass ein paar Minuten früher oder später keine große Rolle spielen.«

Horton oder »Tiger« Prawns war mein Assistent und erst seit zwei Monaten bei uns. Er war recht groß für seine zwölf Jahre, hatte sandfarbene Löckchen, und um seine Stupsnase tanzten Sommersprossen. Wie die meisten Findelkinder trug er seine ererbten, zu großen Klamotten mit einem gewissen Stolz. Ich hatte Tiger heute Vormittag mitgenommen, damit er die besonderen Probleme kennenlernte, die mit dem Finden von Dingen verbunden waren – und das aus einem wichtigen Grund. In zwei Jahren sollte er meinen Job übernehmen. Mit achtzehn würde ich frei sein.

Perkins nickte zustimmend.

»Einige Magier scheinen wirklich lange zu leben«, bemerkte er. Das stimmte ohne Frage. Aber bei diesem Thema hielten sie sich ziemlich bedeckt und redeten hastig über Mäuse, Zwiebeln oder irgendetwas anderes, wenn sie danach gefragt wurden.

Der Junge Perkins war unser bester und zugleich einziger Lehrling. Er war jetzt über ein Jahr bei Kazam und der Einzige in der Firma, der etwa mein Alter hatte. Außerdem sah er gut aus, und abgesehen von seinen Anfällen von Selbstüberschätzung, die ihn manchmal in Schwierigkeiten brachten, wenn er schneller zauberte als er dachte, würde er Kazam und dem Zauberbusiness ganz allgemein guttun. Ich mochte ihn, aber da sein Spezialgebiet Fernsuggestion war – die Fähigkeit, anderen Leuten aus der Ferne Gedanken in den Kopf zu setzen –, wusste ich nicht, ob ich ihn wirklich mochte oder ob er mir nur eingegeben hatte, dass ich ihn mochte, was ebenso unheimlich wie unmoralisch war. Tatsächlich wurde die ganze Fernsuggestion, auch »Gedankensäen« genannt, verboten, als man herausfand, dass sie hinter der Promotion und dem Erfolg von talentlosen Boygroups steckte, was bis dahin eine Art Rätsel gewesen war.

Ich schaute wieder auf die Uhr. Die Zauberer[2], auf die wir warteten, waren: der Ehrwürdige Dennis »Full« Price und Lady Magoon. Abgesehen von ihren magischen Fähigkeiten waren praktizierende Zauberer, um sie bei ihrem offiziellen Namen zu nennen, kaum in der Lage, ihre Kleidung in der richtigen Reihenfolge anzuziehen, und man musste sie oft daran erinnern, dass sie baden und regelmäßig etwas zu essen zu sich

2 Nach einem mit guten Argumenten gestützten Appell für Gleichberechtigung der Geschlechter auf der Zauberexpo von 1962 bezieht sich die Bezeichnung »Zauberer« heute gleichermaßen auf männliche oder weibliche Personen, die dieses Handwerk ausüben. Die weibliche Form »Zauberin« wird nicht mehr benutzt, außer von ein paar alten Ewiggestrigen, die denken, dass der Platz eines weiblichen Zauberers zu Hause ist, wo sie Essen herbeizaubern und die Wohnung mit der Kraft ihrer Gedanken putzen soll.

nehmen sollten. Sie sind unberechenbar, launisch, vergesslich, emotional und *enorm* frustrierend. Aber eines sind sie ganz bestimmt nicht, nämlich langweilig, und nachdem ich anfänglich so meine Schwierigkeiten mit ihnen gehabt hatte, betrachtete ich sie jetzt alle mit jeder Menge Zuneigung – sogar die wirklich Ausgetickten.

»Ich sollte eigentlich schon wieder in den Towers sein, um alles noch einmal durchzugehen«, ärgerte sich der Junge Perkins, dessen Zauberlizenzprüfung am Nachmittag anstand und der verständlicherweise ein bisschen aufgeregt war.

»Full Price meinte, du solltest mitkommen, damit du so etwas mal miterlebst«, erklärte ich. »Verlorene Gegenstände finden geht nur im Team.«

»Arbeiten Zauberer gern im Team?«, fragte Tiger, dessen Drittliebstes auf dieser Welt – nach Eiscreme und Waffeln – Fragen waren.

»Die Zeiten, in denen Zauberer hoch oben auf dem North Tower einsam seltsame Tränke zusammenbrauten, sind vorbei«, erklärte ich. »Sie müssen lernen zusammenzuarbeiten, und das sage nicht nur ich, der Große Zambini war sehr darauf aus, das Regelwerk neu zu schreiben.« Ich sah auf die Uhr. »Ich hoffe nur, dass sie *tatsächlich* auftauchen«, sagte ich, weil ich als Kazams Geschäftsführerin während der Abwesenheit des Großen Zambini diejenige war, die sich händeringend bei aufgebrachten Kunden entschuldigen musste – was öfter passierte, als mir lieb war.

»Trotzdem«, sagte Perkins. »Ich habe das Findenmodul IV bestanden und den Übungsversteckhausschuh immer gefunden, sogar unter dem Bett des Mysteriösen X.«

Das stimmte, doch etwas Beliebiges wie einen Schuh zu finden war zwar bestimmt eine gute Übung, um zu lernen, wie man Dinge findet, aber das reichte nicht aus. So wie immer bei den Zauberkünsten. Das Einzige, was man wirklich begreift, nachdem man eine Ewigkeit gelernt hat, ist, dass es noch viel mehr zu lernen gibt. Das Ganze ist ebenso frustrierend wie erhellend.

»Der Schuh hatte kein Problem damit, gefunden zu werden«, sagte ich in einem Versuch, ihm das Unerklärliche zu erklären. »Wenn etwas nicht gefunden werden will, ist das viel schwieriger. Der Mächtige Shandar konnte allgemein sichtbare Dinge verstecken, indem er sie einfach aus dem Blick *ausschloss*. Diese Technik demonstrierte er am aufsehenerregendsten mit einem für alle unsichtbaren Elefanten in einem Raum während der Zauberexpo von 1826.«

»Eigentlich solltest du an meiner Stelle zur Zauberprüfung gehen«, meinte Perkins düster. »Du weißt eine Menge mehr als ich; es gibt ganze Teile vom *Codex Magicalis*[3], die ich nicht einmal gelesen habe.«

»Ich bin drei Jahre länger hier als du«, erklärte ich, »deshalb muss ich ja wohl mehr wissen. Aber mich für dich zur Prüfung zu schicken, wäre in etwa so, als würdest du jemanden ohne Hände bitten, für dich das Klavierexamen abzulegen.«

Kein Mensch wusste, warum manche Leute zaubern konnten und andere nicht. Ich kenne mich nicht sehr gut mit den Theorien über Magie aus. Ich weiß nur, dass es sich um eine Mischung aus Wissenschaft und Glauben handelt, doch praktisch verhält es sich so: Magie umgibt uns wie ein unsichtbarer Energienebel, der von denen angezapft werden kann, die genug Begabung dafür mitbringen, eine Reihe von Techniken anzuwenden, bei denen es hauptsächlich um unglaublich komplizierte Zaubersprüche, gemurmelte Beschwörungen und einen gelenkten Ausstoß konzentrierter Gedankenkraft aus dem Zeigefinger geht. Die technische Bezeichnung für diese Energie war »variable elektro-subatomare Gravitationskraft«, was

---

3   Das sogenannte »Buch der Magie«, das neben viel Nützlichem auch eine Menge Unsinn enthält. Die Kunst besteht darin, zu erkennen, was was ist.

überhaupt nichts bedeutete – verwirrte Wissenschaftler hatten der Magie einfach einen hochtrabenden Namen gegeben, damit sie ihr Gesicht wahren konnten. Die gebräuchlichere Bezeichnung war »Zauberkraft« oder noch einfacher »das Knistern«.

LEONIE SWANN

Glennkill

Schafe sind normalerweise kein geschwätziges Volk. Das liegt
daran, dass sie oft den Mund voll Gras haben. Es liegt auch
daran, dass sie manchmal nur Gras im Kopf haben. Aber alle
Schafe schätzen gute Geschichten. Am liebsten hören sie nur zu
und staunen – auch deshalb, weil man gleichzeitig zuhören und
kauen kann. Seit George ihnen keine Geschichten mehr vorlas,
fehlte etwas in ihrem Leben. Deswegen kam es manchmal vor,
dass ein Schaf den anderen eine Geschichte erzählte. Dieses
Schaf war sehr oft Mopple the Whale, ab und zu Othello und
selten eines der Mutterschafe.

Die Mutterschafe sprachen meistens von ihrem Nachwuchs,
und es interessierte die anderen nicht wirklich. Natürlich gab
es legendäre Lämmer, wie Ritchfield eines gewesen war, aber
deren Mutterschafe hielten wohlweislich den Mund.

Wenn Othello erzählte, interessierten sich alle Schafe dafür,
aber sie konnten ihn nicht wirklich verstehen. Othello erzählte
von Löwen und Tigern und Giraffen, seltsamen Tieren aus
brennend heißen Ländern. Häufig gab es Streit, weil sich jedes
Schaf diese Tiere anders vorstellte. Rochen Giraffen wie faules
Obst, hatten sie buschige Ohren, hatten sie wenigstens ein bisschen Wolle? Othello kam meistens über bloße Beschreibungen
nicht hinaus, und selbst diese genügten, um den Schafen ein
mulmiges Gefühl in der Nackengegend einzuflößen. Über Menschen sprach Othello nie.

Wenn Mopple erzählte, ging es fast immer um Menschen.
Mopple erzählte die Geschichten, die George ihnen vorgele-
sen hatte. Er hatte sich alles gemerkt, und seine Geschichten
konnten fast so schön sein wie Georges Vorlesestunden vor
dem Schäferwagen. Sie waren nur nicht so lang. Irgendwann

bekam Mopple Hunger, und dann war die Geschichte aus. Je schöner die Geschichte, also je mehr Wiesen, Weiden und Futter in ihr vorkamen, desto schneller war sie auch zu Ende. Die eigentliche Spannung lag oft nicht mehr in den Geschichten selbst, sondern in der Frage, wie weit sie dieses Mal kommen würden.

Heute sah es schlecht aus. Mopple erzählte das Feenmärchen. Nirgendwo sonst kamen so viele Wiesen, so viel Gras und so viel Obst vor. Mopple erzählte vom nächtlichen Feenball auf der Froschwiese, und seine Augen glänzten. Er erzählte, wie neidische Kobolde die Feen bei ihren Festivitäten mit Äpfeln bewarfen, und seine Augen wurden feucht. Er erzählte, wie der Koboldkönig im hohen Gras auftauchte. Der Koboldkönig, der die Toten aus ihren Gräbern holen und auf die Lebenden hetzen konnte. Da geschah etwas Ungewöhnliches. Mopple wurde unterbrochen

»Ob es wirklich der Koboldkönig war?«, fragte Cordelia zaghaft. Alle Schafe wussten, dass sie von Georges Tod sprach. Mopple rupfte blitzschnell ein Büschel Gras.

»Oder Satan?«, ergänzte Lane.

»Unsinn«, schnaubte Ramses nervös. »Satan würde so etwas nie tun.«

Einige Schafe blökten zustimmend. Keines von ihnen traute Satan so eine Tat zu. Satan war ein betagter Esel, der manchmal auf der Nachbarwiese weidete und gelegentlich markerschütternde Schreie ausstieß. Seine Stimme war wirklich schrecklich, aber sonst war er ihnen immer harmlos vorgekommen.

»Ich glaube noch immer, dass dieser ›Gott‹ ihn umgebracht hat«, sagte Mopple mit vollem Mund. »Beth hat das auch gemeint.« Die Schafe hatten einen gewissen Respekt vor Beth, weil sie immer so viel Mühe in ein so zweifelhaftes Ding wie Georges Seele gesteckt hatte.

»Warum sollte er so etwas tun?«, fragte Maude.

»Gottes Wege sind unergründlich«, erklärte Cloud. Die anderen sahen sie erstaunt an. Cloud wurde klar, dass sie etwas Seltsames gesagt hatte. »Er sagt das selbst«, fügte sie hinzu.

»Dann lügt er!« Othello sah wütend aus. Die Augen der Mutterschafe glänzten bewundernd. Nur Miss Maple ließ sich nicht beeindrucken.

»ln der Nacht, in der George gestorben ist, hatten wir da Flut oder Ebbe?«, fragte sie plötzlich. Eine Sekunde lang waren alle still. Sie dachten nach.

»Flut!«, blökten dann Mopple und Zora wie aus einem Munde.

»Wieso?«, fragte Maude.

Maple begann konzentriert auf und ab zu laufen. »Wenn man Georges Leiche über die Klippen geworfen hätte, hätte nie wieder jemand etwa von ihm gehört. Es hätte ihn davongespült, vielleicht bis nach Europa. Das wäre unergründlich gewesen. So aber konnte ihn jeder finden, es war sogar überhaupt nicht möglich, ihn *nicht* zu finden. Der Mörder wollte, dass George gefunden wird. Warum? Warum will man, dass etwas gefunden wird?«

Die Schafe dachten lange und angestrengt nach.

»Weil man jemandem eine Freude machen will?«, fragte Mopple zögernd.

»Weil man jemanden warnen will«, sagte Othello.

»Weil man jemanden an etwas erinnern will«, sagte Sir Richfield.

»Genau!« Miss Maple klang zufrieden. »Jetzt müssen wir herausfinden, wer sich freut, wer gewarnt ist und wer sich erinnert. Und an was man sich erinnert.«

»Das können wir nicht herausfinden«, seufzte Heide.

»Vielleicht doch«, sagte Miss Maple.

Ohne ein weiteres Wort begann sie zu grasen. Einen Moment lang schwiegen alle Schafe und dachten ein wenig ehrfürchtig an die große Aufgabe, die ihnen bevorstand.

Da blökte plötzlich ein Lamm vor Schreck und Empörung laut auf. Sara, seine Mutter, stimmte mit ihrem eigenen aufgeregten Blöken ein. Die Schafe sahen zu den beiden hinüber. Sara wand sich hin und her, als wollte sie sich ein lästiges Insekt aus dem Pelz schütteln. Neben ihr stand ihr Lamm und machte ein weinerliches Gesicht. Dann huschte etwas Kleines, Struppiges unter Saras Beinen hervor und sauste im Zickzack davon.

Der Halbling. Der Milchdieb. Das Winterlamm.

Es hatte den Moment allgemeinen Nachdenkens genutzt, um Saras Milch zu stehlen. Einige Mutterschafe blökten entrüstet.

Jedes Schaf weiß, dass ein Winterlamm für die Herde nichts Gutes bedeuten kann. Außerhalb der Zeit werden Winterlämmer in die Kälte hineingeboren, mit verdrehtem Charakter und einer boshaften kleinen Seele. Unglücksraben, die in der mageren Zeit die Räuber dazu verleiten, um frierende Schafsherden zu streichen. Gierig, rücksichtslos und kalt wie der Tag, an dem sie das spärliche Licht dieser Welt erblickten. Und nie hatte es ein schlimmeres Winterlamm gegeben als jenes, das seit vergangenem Jahr durch ihre Herde spukte. In der dunkelsten Nacht war es geboren. In der dunkelsten Nacht war seine Mutter gestorben. Sie hatten erwartet, dass dieses Lamm auch sterben würde. Aber es stolperte quäkend hinter der Herde her, die ihm unwillig auswich. Das ging zwei Tage so. Am dritten Tag hatten sie darauf gewartet, dass es endlich starb. Aber George machte ihnen mit einer Flasche Milch einen Strich durch die Rechnung. Als sie ihn vorwurfsvoll anblökten, murmelte er etwas von »tapfer« und zog das Lamm wider alle Vernunft groß: einen rücksichtslosen Milchdieb, unproportioniert wie eine Ziege, viel zu klein für ein Lamm seines Alters, aber zäh und raffiniert. Sie versuchten es zu ignorieren, so gut es eben ging.

Deshalb gab es auch jetzt nur wenig Aufregung unter den Schafen. Nachdem sie sich überzeugt hatten, dass das Winterlamm wirklich bis an den Rand der Weide geflohen war und sich unter dem Krähenbaum herumdrückte, taten sie, als wäre nichts geschehen.

Den Rest des Tages verbrachten sie so, wie es sich für Schafe gehört. Sie fraßen lange (nur nicht auf *George's Place*), sie verdauten gemütlich in der Abenddämmerung, sie trabten alle zusammen zum Heuschuppen, nachdem Cloud verkündet hatte, dass es eine regnerische Nacht werden würde.

Dort drängten sie sich eng zusammen, die Lämmer in der Mitte, die Alten um sie herum, die erwachsenen Widder ganz außen, und schliefen sofort ein.

Miss Maple träumte einen dunklen Traum, einen Traum, in dem man kaum das Gras vor der eigenen Schafsnase sehen konnte.

Vor ihr lag der Dolmen, größer und flacher als in der wirklichen Welt. Auf ihm standen drei Schattengestalten. Es waren Menschen, sehr viel mehr verriet die Witterung nicht. Maple spürte ihre Blicke auf sich ruhen. Diese Menschen konnten in der Dunkelheit sehen.

Plötzlich bewegte sich einer von ihnen auf Maple zu. Seine schemenhaften Konturen nahmen die Form des Metzgers an.

Maple drehte sich um und floh. Der Spaten, den sie anscheinend irgendwie in einem Vorderhuf gehalten hatte, traf mit einem dumpfen Pochen auf dem Boden auf.

Hinter sich hörte sie die Stimme des Metzgers. »Eine Herde braucht einen Hirten«, flüsterte er. Maple wusste jetzt, dass sie keinen Hirten brauchte, sondern eine Herde. Sie blökte, und aus der Dunkelheit antworteten andere Schafe. Sie stolperte vorwärts, fand die Herde und drängte sich hinein, tiefer und tiefer in das sichere, wollige Knäuel.

Aber etwas machte sie misstrauisch. Es war ihre Herde, ganz zweifellos, aber sie roch falsch – warum, das konnte Maple nicht sagen. Sie hörte den Metzger näher kommen und erstarrte, und um sie herum erstarrte die Herde. Dann kam ein Wind auf und blies die Dunkelheit wie Nebel fort. In dem fahlen Licht konnte Miss Maple sehen, dass alle Schafe ihrer Herde schwarz waren. Sie stand als einziges weißes Schaf unter ihnen. Der Metzger steuerte direkt auf sie zu. In den Händen hielt er einen Apfelkuchen.

Plötzlich war es wieder dunkel um sie herum. Miss Maple war aufgewacht. Erleichtert wollte sie sich an Cloud schmiegen, ihre favorisierte Nachbarin für die Nacht. Aber etwas stimmte nicht. Es war der Geruch. Die Schafe um sie herum rochen wie ihre Herde und doch wieder nicht. Sie konnte einzelne Schafe wittern: Mopple, der noch immer leicht nach Salat roch, Zora mit ihrem frischen Meerduft, Othellos harzigen Widdergeruch. Aber es war so als hätten sich andere Schafe unter sie gemischt, Schafe mit widersprüchlichen Duftmarkierungen, Schafe, die nichts von ihrer Persönlichkeit preisgaben, halbe Schafe sozusagen. Miss Maple spähte verwirrt und müde umher, aber im Heuschuppen war es mindestens ebenso dunkel wie in ihrem Traum. Sie wusste nicht, was sie denken sollte. Draußen rauschte der Regen, andere Geräusche hörte man nicht. Trotzdem war sich Maple plötzlich sicher, dass sie am Scheunentor eine Bewegung wahrgenommen hatte. Sie drängte Cloud zur Seite. Cloud begann leise im Schlaf zu blöken, andere Schafe schlossen sich ihr an. In der blökenden Schafswolke verlor Miss Maple für kurze Zeit die Orientierung. Sie hielt inne. Nach einigen Augenblicken ebbte das Blöken ab, und sie hörte den Regen wieder. Mühsam setzte sie ihren Weg zum Ausgang fort.

Draußen war die Nacht mit Regenfaden zugehängt. Maple versank bis zu den Knien im Schlamm. Ihre Wolle saugte sich mit Wasser voll, und bald kam sie sich doppelt so schwer vor wie gewohnt. Sie dachte an das Lamm und wollte schaudernd den Weg zum Dolmen einschlagen, als sie ein klingendes, klackendes Geräusch hörte, so als würde Stein auf Stein prallen. Es kam von den Klippen. Maple seufzte. Die Klippen waren sicherlich nicht der Ort, an dem sie in einer pechschwarzen Regennacht mit einem Wolfsgeist zusammentreffen wollte. Trotzdem setzte sie sich in Bewegung.

An den Klippen war es weniger dunkel als befürchtet. Das Meer reflektierte etwas Licht, und man konnte die Küstenlinie sehen, schemenhaft, aber unverwechselbar. Und man konnte sehen, dass dort niemand war. Wer immer das Geräusch verursacht hatte, musste von den Klippen gestürzt sein. Maple tastete sich vorsichtig mit nassen Hufen an die glitschige Böschung heran und späht nach unten. Natürlich sah sie nichts, sah nicht einmal, wie tief es hinunterging. Sie wollte zurückweichen und merkte, dass das nicht einfach sein würde. Das Gras war nass und schleimig, der Boden darunter aufgeweicht. Man hatte ihr eine Falle gestellt, und sie, Miss Maple, das klügste Schaf Glennkills und vielleicht der Welt, war arglos hineingetappt. Maple dachte darüber nach, dass Klugheit nicht viel weiterhilft, wenn man schlecht geträumt hat, und wartete auf eine Hand oder eine Nase, die sie mit einem sanften, aber entscheidenden Schubs in den Abgrund befördern würde.

Sie wartete lange und vergebens. Als sie merkte, dass niemand hinter ihr war, wurde sie ärgerlich. Mit einem wütenden Rückwärtssprung brachte sie sich wieder auf halbwegs verlässlichen Untergrund und trottete zurück zum Heuschuppen. Am Tor hielt sie inne und sog die Luft ein. Es roch nach ihrer Herde und nach sonst nichts. Maple schnaufte erleichtert und merkte, dass ihre Beine zitterten. Sie begann nach Cloud zu suchen, die irgendwo in der Dunkelheit noch immer leise blökte, in einem Traum ohne Metzger und Apfelkuchen, in dem wahrscheinlich ein großes grünes Kleefeld die Hauptrolle spielte.

MICHAEL ENDE

MOMO

Gefunden und verloren

Am nächsten Tag machte Momo sich schon früh am Morgen auf, um Gigis Haus zu suchen. Die Schildkröte nahm sie natürlich wieder mit. Wo der Grüne Hügel war, wusste Momo. Es war ein Villenvorort, der weit entfernt lag von jener Gegend um das alte Amphitheater. Er lag in der Nähe jener gleichförmigen Neubauviertel, also auf der anderen Seite der großen Stadt.

Es war ein weiter Weg. Momo war zwar daran gewöhnt, barfuß zu laufen, aber als sie endlich auf dem Grünen Hügel ankam, taten ihr doch die Füße weh. Sie setzte sich auf einen Rinnstein, um sich einen Augenblick auszuruhen.

Es war wirklich eine sehr vornehme Gegend. Die Straßen waren hier breit und sehr sauber und beinahe menschenleer. In den Gärten hinter den hohen Mauern und Eisengittern erhoben uralte Bäume ihre Wipfel in den Himmel. Die Häuser in den Gärten waren meist lang gestreckte Gebäude aus Glas und Beton mit flachen Dächern. Die glatt rasierten Wiesen vor den Häusern waren saftig grün und luden förmlich ein, auf ihnen Purzelbäume zu machen. Aber nirgends sah man jemand in den Gärten spazieren gehen oder auf dem Rasen spielen. Wahrscheinlich hatten die Besitzer keine Zeit dazu.

»Wenn ich nur wüsste«, sagte Momo zur Schildkröte, »wie ich jetzt herauskriegen kann, wo Gigi hier wohnt.«

»WIRST'S GLEICH WISSEN«, stand auf Kassiopeias Rücken.

»Meinst du?«, fragte Momo hoffnungsvoll.

»He, du Dreckspatz«, sagte plötzlich eine Stimme hinter ihr, »was suchst du denn hier?«

Momo drehte sich um. Da stand ein Mann, der eine sonderbare gestreifte Weste anhatte.

Momo wusste nicht, dass Diener von reichen Leuten solche Westen tragen. Sie stand auf und sagte: »Guten Tag, ich suche das Haus von Gigi. Nino hat mir gesagt, dass er jetzt hier wohnt.«

»Wessen Haus suchst du?«

»Von Gigi Fremdenführer. Er ist nämlich mein Freund.«

Der Mann mit der gestreiften Weste guckte das Kind misstrauisch an.

Hinter ihm war das Gartentor ein wenig offen geblieben und Momo konnte einen Blick hineinwerfen. Sie sah einen weiten Rasen, auf dem einige Windhunde spielten und ein Springbrunnen plätscherte. Und auf einem Baum voller Blüten saß ein Pfauenpärchen. »Oh«, rief Momo bewundernd, »was für schöne Vögel!«

Sie wollte hineingehen, um sie aus der Nähe zu betrachten, aber der Mann mit der Weste hielt sie am Kragen zurück.

»Hier geblieben!«, sagte er. »Was fällt dir ein, Dreckspatz!«

Dann ließ er Momo wieder los und wischte sich die Hand mit seinem Taschentuch ab, als habe er etwas Unappetitliches angefasst.

»Gehört das alles dir?«, fragte Momo und zeigte durch das Tor.

»Nein«, sagte der Mann mit der Weste noch eine Spur unfreundlicher, »verschwinde jetzt! Du hast hier nichts zu suchen.«

»Doch«, versicherte Momo mit Nachdruck, »Gigi Fremdenführer muss ich suchen. Er wartet nämlich auf mich. Kennst du ihn denn nicht?«

»Hier gibt es keine Fremdenführer«, erwiderte der Mann mit der Weste und drehte sich um.

Er ging in den Garten zurück und wollte das Tor schließen, doch im letzten Augenblick schien ihm noch etwas einzufallen.

»Du meinst doch nicht etwa Girolamo, den berühmten Erzähler?«

»Na ja, Gigi Fremdenführer eben«, antwortete Momo erfreut, »so heißt er doch. Weißt du, wo sein Haus ist?«

»Und er erwartet dich wirklich?«, wollte der Mann wissen.

»Ja«, meinte Momo, »ganz bestimmt. Er ist mein Freund und er bezahlt für mich alles, was ich bei Nino esse.«

Der Mann mit der Weste zog die Augenbrauen hoch und schüttelte den Kopf

»Diese Künstler!«, sagte er säuerlich. »Was sie doch manchmal für ausgefallene Launen haben! Aber wenn du wirklich glaubst, dass er Wert auf deinen Besuch legt: Sein Haus ist das letzte ganz oben an der Straße.«

Und das Gartentor fiel ins Schloss.

»LACKAFFE!«, stand auf Kassiopeias Panzer, aber die Schrift erlosch sogleich wieder.

Das letzte Haus ganz oben an der Straße war von einer übermannshohen Mauer umgeben. Und auch das Gartentor war, ähnlich wie das bei dem Mann mit der Weste, aus Eisenplatten, sodass man nicht hineinsehen konnte. Nirgends war ein Klingelknopf oder ein Namensschild zu finden.

»Ich möchte wissen«, sagte Momo, »ob das überhaupt Gigis neues Haus ist. Es sieht eigentlich gar nicht nach ihm aus.«

»IST ES ABER«, stand auf dem Rücken der Schildkröte.

»Warum ist denn alles so zu?«, fragte Momo. »Da komm ich nicht rein.«

»WARTE!«, erschien als Antwort.

»Na ja«, meinte Momo seufzend, »da kann ich aber vielleicht lang warten. Woher soll Gigi wissen, dass ich hier draußen stehe – falls er überhaupt drin ist.«

»ER KOMMT GLEICH«, war auf dem Panzer zu lesen.

Also setzte Momo sich geradewegs vor das Tor und wartete geduldig. Lange Zeit geschah gar nichts und Momo begann zu überlegen, ob Kassiopeia sich nicht vielleicht doch einmal geirrt hatte.

»Bist du wirklich ganz sicher?«, fragte sie nach einer Weile.

Statt jeder erwarteten Antwort erschien aber auf dem Rückenpanzer das Wort: »LEBEWOHL!«

Momo erschrak. »Was meinst du denn damit, Kassiopeia? Willst du mich denn wieder verlassen? Was hast du denn vor?«

»ICH GEH DICH SUCHEN!«, war Kassiopeias noch rätselhaftere Auskunft.

In diesem Augenblick flog plötzlich das Tor auf und ein langes, elegantes Auto schoss in voller Fahrt heraus. Momo konnte sich gerade noch durch einen Sprung nach rückwärts retten und fiel hin.

Das Auto raste noch ein Stückchen weiter, dann bremste es, dass die Reifen quietschten. Eine Tür wurde aufgerissen und Gigi sprang heraus.

»Momo!«, schrie er und breitete die Arme aus. »Das ist doch wirklich und wahrhaftig meine kleine Momo!«

Momo war aufgesprungen und lief auf ihn zu, und Gigi fing sie auf und hob sie hoch, küsste sie hundertmal auf beide Backen und tanzte mit ihr auf der Straße herum.

»Hast du dir wehgetan?«, fragte er atemlos, aber er wartete gar nicht ab, was sie sagte, sondern redete aufgeregt weiter. »Es tut mir leid, dass ich dich erschreckt habe, aber ich hab's schrecklich eilig, verstehst du? Ich bin schon wieder mal zu spät dran. Wo hast du denn nur gesteckt die ganze Zeit? Du musst mir alles erzählen. Also ich habe nicht mehr geglaubt, dass du zurückkommen würdest. Hast du meinen Brief gefunden? Ja? War er noch da? Gut, und bist du zu Nino essen gegangen? Hat es dir geschmeckt? Ach, Momo, wir müssen uns so viel erzählen, es ist ja so schrecklich viel passiert inzwischen. Wie geht es dir denn? So rede doch endlich! Und unser alter Beppo, was macht er? Ich hab ihn schon ewig nicht mehr gesehen. Und die Kinder? Ach, weißt du, Momo, ich denke oft an die Zeit, als wir noch alle zusammen waren und ich euch Geschichten erzählt habe. Das waren schöne Zeiten. Aber jetzt ist alles anders, ganz, ganz anders.«

Momo hatte mehrmals versucht, auf Gigis Fragen zu antworten. Aber da er seinen Redestrom nicht unterbrach, wartete sie einfach ab und schaute ihn an. Er sah anders aus als früher, so schön gepflegt, und er duftete gut. Aber irgendwie war er ihr seltsam fremd.

Inzwischen waren aus dem Auto noch vier andere Personen ausgestiegen und herangekommen: ein Mann in einer ledernen Chauffeursuniform und drei Damen mit strengen, aber stark geschminkten Gesichtern.

»Hat das Kind sich verletzt?«, fragte die eine, eher vorwurfsvoll als besorgt.

»Nein, nein, keine Spur«, versicherte Gigi, »es hat sich nur erschreckt.«

»Was lungert es aber auch vor dem Tor herum!«, sagte die zweite Dame.

»Aber das ist doch Momo!«, rief Gigi lachend. »Meine alte Freundin Momo ist das!«

»Ach, dieses Mädchen gibt es also wirklich?«, fragte die dritte Dame erstaunt. »Ich hatte es immer für eine Ihrer Erfindungen gehalten. – Aber das könnten wir doch gleich an Presse und Rundfunk geben! ›Wiedersehen mit der Märchenprinzessin‹ oder so, das wird bei den Leuten fabelhaft ankommen! Ich werde das sofort veranlassen. Das wird *der* Knüller!«

»Nein«, sagte Gigi, »das möchte ich eigentlich nicht.«

UWE TIMM

Rennschwein Rudi Rüssel

Als wir zu Hause ankamen, wurde es dunkel. So lange hatten
wir gewartet und waren in der Gegend herumgefahren. In einem Gasthof hatten wir etwas gegessen. Den Wagen hatten wir
auf dem Parkplatz abgestellt und die Heckklappe aufgelassen,
denn aussteigen wollte und konnte Rudi nicht.

Er lag hinten und schnaufte schwer. Erst wenn es dunkel
wurde, wollten wir versuchen, ihn in die Wohnung zu bringen. Wir hatten uns einen genauen Plan gemacht. Es war fast
wie in einem Krimi so spannend und zugleich machte es einen
Mordsspaß, gemeinsam mit Vater und Mutter etwas Verbotenes
zu tun.

Wir fuhren langsam an unserem Haus, das ja leider nicht
uns gehörte, vorbei. Vater wollte schon halten, da entdeckten
wir Herrn und Frau Heinz, die ihren struppigen, kleinen Hund
spazieren führten. Also mussten wir nochmals um den Block
fahren. Als wir wieder zum Haus kamen, war die Luft rein.
Betti stieg aus und sollte im Treppenhaus nachsehen, ob nicht
irgendein Mieter aus dem Haus oder womöglich Herr Buselmeier die Treppe herunterkam.

Dann gab sie das verabredete Zeichen. Die Luft war rein.
Mutter lief und schloss die Wohnungstür auf, wir sprangen aus
dem Wagen, öffneten die Heckklappe. Jetzt zeigte sich aber,
dass Rudi nicht herausspringen konnte. Er konnte sich, da er
mit der Schnauze voran in den Wagen gestiegen war, nicht um-
drehen. Er musste also rückwärts wieder aussteigen. Das aber
ging nicht. Er hätte sich, wäre er rückwärts rausgesprungen,
mit seinem enormen Gewicht sicherlich ein Bein gebrochen.
So ließ er sich langsam über den Heckrand des Wagens gleiten, blieb aber mit dem Bauch hängen. Heben konnten wir ihn

nicht, er war viel zu schwer. Was war zu tun? Ein Spaziergänger kam vorbei, ein älterer Mann. Er entdeckte natürlich sofort die aus dem Wagen hängenden Hinterbeine des Schweins und blieb stehen. »Was machen Sie denn da ?«, fragte der Mann misstrauisch.

»Das sehen Sie doch«, sagte Vater, »Schweineklopfen.«

»Schweineklopfen, was ist denn das?«

»Man setzt das Schwein in den Wagen und jeder, der vorbeikommt, darf für eine Mark einmal auf das Schwein klopfen.«

»Und was soll das?«

»Meine Güte«, sagte Vater, »Sie kennen sich aber überhaupt nicht aus. Das bringt Glück.«

Der Mann suchte in den Taschen und zog eine Mark heraus.

»Aber schnell«, sagte Vater.

Der Mann gab Vater die Mark, klopfte auf Rudis Hinterbacke und ging weiter. Er drehte sich immer wieder um, wahrscheinlich weil wir so laut lachten. Rudi, dem die Lage unbequem wurde, begann, leise zu quieken.

»Wie kriegen wir den bloß raus?«

Mutter kam herüber. »Was ist denn los«, rief sie.

»Rudi hängt fest.«

»Wir brauchen ein Brett.«

Aber wer hat schon zu Hause ein Brett herumliegen. Was sollte man nehmen? Es war Zuppi, die den rettenden Einfall hatte: »Ein Bügelbrett.«

»Nein«, sagte Mutter, »nicht unser Bügelbrett.«

»Wir müssen uns beeilen. Wir müssen Rudi hier schnell rausholen.«

Da gab Mutter nach und Betti und ich liefen in die Wohnung und holten aus der Kammer unser Bügelbrett. Das legten wir an die Stoßstange und so bekam Rudi wieder festen Boden unter die Füße. Ganz vorsichtig, Schritt für Schritt, stieg er über das Bügelbrett aus dem Wagen. Endlich stand er auf der

Straße. Langsam trottete er zum Hauseingang. Da ging plötzlich im Treppenhaus das Licht an und sogleich ertönte auch Bettis Warnpfiff. Also kam jemand aus dem Haus. Wohin mit Rudi? Weglaufen und sich hinter unserem Wagen verstecken, dazu war Rudi in seinem Fettpanzer viel zu behäbig. Es blieb nur eins, wir schoben ihn schnell hinter den Rhododendronbusch im Vorgarten, hinter dem sich damals schon der Einbrecher versteckt hatte. Aber der Busch war für Rudi viel zu klein. Vorn schaute die Schnauze und hinten der dicke Hintern mit dem Ringelschwanz raus.

»Verflixt«, sagte Mutter, »schnell, wir müssen uns davorstellen.«

Wir stellten uns also schnell in einer Reihe auf, dicht nebeneinander, so als wollten wir dem, der da aus der Tür kam, etwas vorsingen.

Die Haustür ging auf und Herr Buselmeier erschien. Er sah uns im Vorgarten nebeneinander auf dem wie mit der Nagelschere geschnittenen Rasen stehen, was natürlich verboten war. Verdattert blieb er stehen.

»Was machen Sie denn da?«, fragte er schließlich.

In dem Moment steckte Rudi neugierig den Kopf zwischen Vaters Beinen durch. Herr Buselmeier erstarrte. Wir dachten schon, ihn habe der Schlag getroffen und er könne überhaupt nichts mehr sagen.

Dann kam aus seinem Mund ein Stöhnen und er sagte: »Was, schon wieder ein Schwein? Wollen Sie in meinem Vorgarten eine Schweinezucht eröffnen? Oder sind Sie schweinesüchtig?« Und dann schrie Herr Buselmeier: »Wenn Sie denn unbedingt mit Schweinen zusammenleben wollen, dann bitte, aber nicht in meinem Haus. Ich kündige Ihnen fristlos.« Da sagte Vater: »Gut, Herr Wuselmeier, dann ziehen wir eben aus.«

Herr Buselmeier geriet über diesen Wuselmeier so außer sich, dass sich seine Stimme überschlug, er fuchtelte mit der Faust und brüllte: »Raus, raus, raus.«

Überall im Haus gingen die Fenster auf und die Leute schauten hinaus, was da unten denn los sei, und da sahen sie uns mit dem dicken Schwein stehen und den Herrn Buselmeier toben. Jetzt war alles egal.

»Komm, Rudi«, rief Vater. »Jetzt gehen wir schön in die Wohnung, erst duschen, dann Zähneputzen und dann ins Bett.«

Wenn Vater seine Angst vor Peinlichkeiten überwunden hat, dann ist er wirklich toll.

Wir gingen ganz gelassen an dem tobenden Herrn Buselmeier vorbei ins Haus.

Als wir in der Wohnung waren, mussten wir uns vor Lachen erst mal hinsetzen. Das war zu komisch gewesen, wie Vater Herrn Buselmeier mit Wuselmeier angeredet hatte. Vater behauptete zwar, das sei Absicht gewesen, aber Vater verwechselt häufig die Namen und vielleicht war es auch nur Zufall gewesen.

Dann, nachdem wir uns alle etwas beruhigt hatten, machten Vater und Mutter Kartoffelpfannkuchen, auch Rudi bekam drei Stück. Er putzte sie weg wie nichts, fraß danach Äpfel, Kartoffeln, zwei alte Bananen. Er war noch immer nicht satt.

»Meine Güte«, sagte Vater, »der ist ja gar nicht mehr satt zu bekommen.«

»Wohin mit Rudi Rüssel?«

»Wohin mit uns? Wir müssen nämlich spätestens am Monatsende aus der Wohnung ausziehen.«

Die Fröhlichkeit war plötzlich verflogen. Wir saßen alle da und dachten nach. Schade, dass wir hier ausziehen mussten. Immerhin gab es doch einen kleinen Garten, in dem man spielen konnte.

»Das wird nicht einfach sein«, sagte Vater, »wir müssen ja auch dieses Viech unterbringen.«

Dass er Viech sagte, war kein gutes Zeichen, es zeigte, dass er langsam auf Rudi wütend wurde.

»Das werden wir schon schaffen«, sagte Mutter. »Wir haben ja noch eine Woche Ferien. Wir müssen gleich morgen früh mit der Suche nach einer neuen Wohnung beginnen.«

Vater blickte finster zu Rudi hinüber, der auf dem Teppich lag wie ein dicker Mehlsack.

Ferdinand der Stier

Aus dem Amerikanischen übersetzt von *Fritz Güttinger*

Es war einmal in Spanien, da lebte ein kleiner Stier, der hieß Ferdinand.

Die anderen kleinen Stiere auf seiner Weide hopsten und rannten herum, rempelten sich an und übten Hörnerstoßen.

Ferdinand aber nicht. Er saß gern still da und roch an den Blumen. Er hatte einen Lieblingsplatz hinten auf der Weide, unter einer Korkeiche. Sie war sein Lieblingsbaum. In ihrem Schatten saß er den ganzen Tag und freute sich am Duft der Blumen.

Manchmal machte sich seine Mutter, die eine Kuh war, Sorgen um ihn. Sie fürchtete, er könnte sich einsam fühlen, so ganz allein. »Warum läufst du nicht mit den anderen kleinen Stieren herum und spielst Hüpfen und Hörnerstoßen?« fragte sie dann. Aber Ferdinand schüttelte nur den Kopf. »Ich finde es hier schöner, wo ich einfach dasitzen und die Blumen riechen kann.« Seine Mutter sah ein, dass er nicht einsam war. Und weil sie zwar eine Kuh, aber trotzdem eine verständnisvolle Mutter war, ließ sie ihn einfach dasitzen und glücklich sein.

Die Jahre vergingen, und Ferdinand wuchs und wuchs, bis er sehr groß und stark war. Die anderen Stiere, die auf der gleichen Weide aufgewachsen waren, kämpften jeden Tag miteinander. Sie rammten die Schädel aneinander und spießten sich gegenseitig mit den Hörnern auf. Alle wollten unbedingt für die Stierkämpfe in Madrid ausgewählt werden. Ferdinand aber nicht. Er saß immer noch am liebsten unter der Korkeiche und roch an den Blumen.

Eines Tages erschienen fünf Männer mit sehr komischen Hüten, um den größten, schnellsten und bösesten Stier für die

Arena von Madrid auszusuchen. Die anderen Stiere galoppierten stampfend und schnaubend herum und sprangen und stießen sich, damit die Männer sie für sehr, sehr stark und wild halten und mitnehmen würden. Ferdinand wusste, dass sie ihn nicht nehmen würden, und es war ihm egal. Also ging er zu seiner Lieblingskorkeiche, um sich hinzusetzen. Er sah nicht genau hin, als er sich setzte, und statt im schönen schattigen Gras saß er auf einer Biene. Wenn du eine Biene wärst, und ein Stier setzte sich auf dich – was würdest du tun? Du würdest ihn stechen. Und genau das tat die Biene mit Ferdinand. Au! Das tat weh! Ferdinand sprang auf und brüllte. Er stampfte herum, schnaubte und schnaufte, senkte den Kopf, stieß mit den Hörnern zu und scharrte wie verrückt mit den Hufen.

Die fünf Männer sahen ihn und johlten vor Freude. Hier war er, der größte und wildeste Stier von allen. Der sollte mit zum Stierkampffest nach Madrid! Also setzten sie ihn in einen Pferdekarren und brachten ihn hin.

Was für ein Tag! Fahnen wehten, Musik spielte und die schönen Damen trugen Blumen im Haar. Der festliche Einzug in die Arena begann.

Zuerst kamen die Banderilleros mit langen, spitzen, bändergeschmückten Stäben. Damit würden sie den Stier stechen, um ihn wütend zu machen. Als Nächstes kamen die Picadores auf ihren mageren Pferden. Sie hatten lange Lanzen, mit denen sie den Stier stechen würden, um ihn noch wütender zu machen. Danach kam der Matador, der Stolzeste von allen. Er fand sich sehr schön und verneigte sich vor den Damen. Er hatte ein rotes Cape und einen Degen. Er sollte den Stier als Letzter stechen. Dann kam der Stier. Du weißt, wer das war, oder? – FERDINAND. »Ferdinand der Fürchterliche« hatten sie ihn genannt, und alle Banderilleros hatten Angst vor ihm, und die Picadores hatten Angst vor ihm, und dem Matador lief der Angstschweiß von der Stirn.

Ferdinand trabte in die Arena, und die Zuschauer jubelten und klatschten, weil sie glaubten, er werde fürchterlich kämpfen, toben und schnauben, mit gesenktem Kopf losrennen und mit den Hörnern zustoßen. Das tat Ferdinand aber nicht. Als er in der Mitte der Arena angekommen war, sah er all die Blumen in den Haaren der schönen Damen, setzte sich still hin und sog ihren Duft ein.

Er kämpfte nicht und wurde nicht wild, ganz gleich, was sie mit ihm machten. Er saß nur da und genoss den Duft. Und die Banderilleros wurden wütend, die Picadores wurden noch wütender und der Matador war so wütend, dass er anfing zu heulen, weil er nicht mit seiner Capa und seinem Degen angeben konnte.

So mussten sie Ferdinand wieder nach Hause bringen.

Und soweit ich weiß, sitzt er da noch immer, unter seiner Lieblingskorkeiche, und freut sich still am Duft der Blumen.

Er ist sehr glücklich.

ARNO GEIGER

Selbstporträt mit Flusspferd

Auf Professor Beham traf ich erstmals, als ich vom Grasschneiden zurückkam. Da stand auf der Terrasse ein sportlicher Rollstuhl, und in dem Rollstuhl saß ein älterer Mann, der rauchte, als sei dieser Rauch die Quelle des Lebens. Dem Vernehmen nach war Professor Beham nicht gesund, genaugenommen ein Sterbender, schon weit fortgeschritten, schon beinahe geübt in dieser Übung: das schüchterte mich ein. Er musterte mich kritisch aus blutunterlaufenen Augen. Offenbar gehörte das kritische Mustern in diesem Haus zum alltäglichen Besteck. Doch auch Professor Behams Neugier erlahmte sofort, als ich ihm mitteilte, dass ich gekommen sei, um Tibor zu vertreten.

»Ach so, aufs Land. Es ist das Geheimnis der Wiener, dass sie alle entwurzelte Bauern sind.«

Das sagte der Professor mit angenehmer, von Alter und Genussmitteln gegerbter Stimme, aber mit etwas Hartem im Gesicht, das mich erschauern ließ. Er war ein pferdegesichtiger Mann mit dichtem, in die Höhe gekämmtem, graumeliertem Haar und stahlblauen Augen, die zwischendurch zur Seite gingen. Beim dritten Mal folgte ich der Richtung des Blicks. Da wurde ich des Zwergflusspferdes gewahr, das ohne das geringste Geräusch zu uns herangetreten war. Reglos verharrte es an dem Platz, der uns am nächsten war, nur durch den Zaun von uns getrennt. Und so groß! Ich hatte mir das Tier zwergenhafter vorgestellt, die Haut weniger dunkel, weniger finster. Ich musste lachen, so erregte mich der Anblick.

»Mensch, ist das groß!«, flüsterte ich.

In diesem Moment hatte ich die Schönheit dieses rundlichen, schwarzgrünen Geisterwesens natürlich längst erkannt, schön wie ein Segelschiff in finsterer Nacht, schön wie ein Priester im dunstigen Wald. Der Himmel spiegelte sich auf dem blanken, feuchten Rücken des Zwergflusspferdes. Es öffnete langsam und bedächtig das Maul, klappte das Maul auf, so weit es ging, ließ das Maul offen stehen wie zum Lüften des Rachens. Die Hauer waren riesig, die klobigen Backenzähne an den Rändern schwarz, nur die Oberseiten vom Kauen poliert. Ein sumpfiger Geruch drang zu mir her, es überkam mich ein heftiges Gefühl des Unwirklichen, das aus dem Schlund des Zwergflusspferdes heraufzusteigen schien. Das Tier klappte sein Maul wieder zu, das Gesicht schloss sich zur Maske, die großen Knopfaugen schauten mich leer an.

»Sie hat Hunger«, sagte Professor Beham.

»Ach so, ja ... «

Ich schüttete das frischgeschnittene Gras in eine alte Molkereikiste aus Hartplastik, ging nach rechts zum Gatter und spürte die Atmosphäre eines großen Abenteuers. Ich öffnete das Gatter, trat ins Innere, kippte das Gras auf die Steinplatten am Rand des Biotops, wo noch vom Vortag etwas Heu lag. Das wusste ich von Tibor, am Wochenende bekam das Zwergflusspferd Heu. Auch dass ich die Kiste immer zwischen Körper und Flusspferd halten solle für den Fall, dass es zum Angriff überging, wusste ich von Tibor. Mit einer qualvollen, geradezu schrecklichen Langsamkeit kam das Tier herangetrottet, und obwohl ich ihm gerne entgegengegangen wäre in dem Drang, mit ihm Freundschaft zu schließen, zog ich mich vorsichtig zurück.

Mit pochendem Herzen fragte ich den Professor, wie lange er sich schon mit Zwergflusspferden beschäftige.

»Annähernd dreißig Jahre«, sagte er.

»Wow! Sie müssen seine Gedanken lesen können!«

»Gedanken lesen?«, fragte er geringschätzig und schüttelte seinen struppigen Kopf: »Ich weiß einen verdammten Dreck über diese Tiere.«

Bald gewöhnte ich mich daran, regelmäßig zum Haus von Professor Beham zu fahren. Ich ging früh von der Wienzeile weg und kam erst am Abend wieder nach Hause. Der Arbeitsalltag mit dem Zwergflusspferd verlief unspektakulär, obwohl mich die Realitätsferne dieses Tieres jeden Morgen aufs Neue erstaunte. Wenn es regnete, stapfte ich in Gummistiefeln und Pelerine ums Haus, sonst blieb sich alles weitgehend gleich.

Die Zwergin, wie ich das Zwergflusspferd, ein Weibchen, bei mir zu nennen begann, war ein schönes Wesen, ruhig und anspruchslos. Ich sah ihr gerne beim Schlafen zu. Beim Hinschauen berührte mich ihre gelassene Üppigkeit. Auch mochte ich ihren schlammig riechenden Atem. Manchmal, wenn sie Schleim in der Nase hatte, machte sie im Schlaf Geräusche wie ein Geist in einem Horrorfilm.

Wie ich mir die Arbeit einteilte, war meiner eigenen Verfügung überlassen und folgte den Gewohnheiten des Tieres. In der Früh schnitt ich Gras und legte es als Futter aus. Später, sowie das Zwergflusspferd sich wieder ausruhte oder am Grund des Teiches herumwanderte, säuberte ich möglichst geräuschlos das Gehege, um das Zwergflusspferd nicht zu erschrecken. Mit Laubrechen, Schaufel und Eimer räumte ich die Flusspferdkötel und das über die Anlage verschleppte Stroh weg. Alle zwei oder drei Tage warf ich frisches Stroh in die aus Paletten gebaute Schlafstelle.

Mittags und nachmittags gaben die Abläufe nicht viel her. Ich schlüpfte aus meinen Wanderschuhen, die jetzt Arbeitsschuhe waren, setzte mich am Küchentisch an den Platz, von dem aus ich den Garten am besten überblickte, und las oder lernte. Nur selten schaltete ich den kleinen Fernseher ein, der auf dem Kühlschrank stand. Gelegentlich hielt ich auf der Eckbank ein Schläfchen. Am späten Nachmittag schnitt ich vier Kilo Gemüse in grobe Stücke, vor allem Fenchel, Karotten und Rote Bete, das Abendessen für die Zwergin. Von Zeit zu Zeit bürstete ich der

Zwergin mit einem weichen, nassen Besen den Buckel ab, dazu stellte ich mich außerhalb des Geheges auf einen Stuhl und wartete, bis das Tier an den Zaun herangekommen war. Zuletzt säuberte ich das Werkzeug unter dem Wasser des Gartenbrunnens und setzte mich nochmals für eine Weile barfuß auf die Terrasse oder in die Küche, bevor ich nach Hause fuhr, irgendwann, nach eigenem Ermessen.

War es die Trägheit des Tieres und die Stille im Haus, die anfingen zu wirken? Jedenfalls dachte ich oft stundenlang nicht an Judith. Und wenn doch, dann mit wachsender Resignation. Auch unter diesem Gesichtspunkt hatten die langen Arbeitstage etwas Gutes.

Quellenverzeichnis

Anzenberger, Toni; Lacina-Blaha, Yvonne: *Pecorino. Die Reisen eines Promenadenmischlings* © FRED & OTTO – Der Hundeverlag, Berlin 2015

Auster, Paul: *Timbuktu*. Deutsche Übersetzung von Peter Torberg. Copyright © 1999 by Rowohlt Verlag GmbH, Reinbek bei Hamburg

Balàka, Bettina: *Unter Menschen* © Haymon Verlag, Innsbruck 2014

Bambaren, Sergio: *Der träumende Delphin* © 1998 Piper Verlag GmbH, München, Übersetzung: Sabine Schwenk

Bogdan, Isabel: *Der Pfau* © 2016, Verlag Kiepenheuer & Witsch GmbH & Co. KG, Köln

Čechov, Anton: *Fisches Liebe*, aus: ders., *Aus den Erinnerungen eines Idealisten*. Aus dem Russischen von Peter Urban. Copyright der deutschsprachigen Übersetzung © 2001 Diogenes Verlag AG, Zürich

Ende, Michael: *Momo* © 1973 Thienemann in der Thienemann-Esslinger Verlag GmbH, Stuttgart

Ferrero, Ernesto: *Die Geschichte von Quirina, dem Maulwurf und einem Garten in den Bergen*. Aus dem Ital. von Friederike Hausmann © 2015 Verlag Antje Kunstmann GmbH, München

Fforde, Jasper: *Das Lied des Quarktiers*. Übersetzt von Barbara Neeb, Katharina Schmidt, © 2016 Bastei Lübbe AG, Köln
Für die Originalausgabe: Copyright © 2011 by Jasper Fforde

Fine, Anne: *Das Tagebuch einer Killerkatze*. Mit Illustrationen von Axel Scheffler. Aus dem Englischen von Barbara Heller. © 2015 Moritz Verlag, Frankfurt am Main

Geiger, Arno: *Selbstporträt mit Flusspferd* © Carl Hanser Verlag GmbH & Co. KG, 2015, München, (Auszug S. 43–46). Mit freundlicher Genehmigung von: Carl Hanser Verlag.

Guggenmos, Josef: *Oh, Verzeihung, sagte die Ameise* © 1990 Beltz & Gelberg in der Verlagsgruppe Beltz, Weinheim/Basel

Highsmith, Patricia: *Mings fetteste Beute*. In: *Kleine Mordgeschichten für Tierfreunde/Kleine Geschichten für Weiberfeinde*. Aus dem Amerikanischen von Melanie Walz © 2004 Diogenes Verlag AG, Zürich

143